一生一定要陪 她 騎的浪漫路線

Youbike
慢慢玩
（情侶篇）

馥眉／金城妹子—著

和朋友聚會總是不知道該去哪裡？

和情人約會，地點總是不夠浪漫？

　　繼上一本Youbike（親子篇）之後，這次特別將臺北「幸福又浪漫」的景點也一起規劃進來，在騎乘單車的時候，除了認識臺北這個城市，更希望大家可以與朋友、情人、家人，或是和自己來個週末的幸福小約會！在臺北市有許多的資源、美景、美食、歷史人文，等待著我們去發掘、參與。

　　這次的bike路線中，我在繁忙信義區的水泥大樓之中，發現了一塊美麗的綠地，這裡有安靜卻一直在默默進行中的簡單生活；也在臺北城的南邊，發現景美地名的由來以及呂洞賓的神話傳說。

　　在臺北城的中心——圓山站，這回關於美麗的老建築故事，不是發生在廟宇之中，而是臺北城「大戶人家」的宅院；還在充滿文藝氣息的大安區，遇見了當年許多為「臺灣民主」努力，可敬前輩們的歷史故居。

　　在我踏查過程當中發現，很多珍貴的古蹟都曾經面臨被拆毀的危機，大部分都是文藝界人士的搶救，才得

己被保留了下來，不過和已經消逝的相比，或許留下的只是很小的一部分。

我們無法計算失去多少，但珍惜與認識被保留下來的珍貴，是現在的我們可以做到的事情！也唯有我們的關心，愈來愈多美麗的歷史與建築，才能持續的被重視、保留。

無論是散步於歷史中的臺北，還是新生中的臺北，因為許多小市民的努力，創造了幸福又溫暖的臺北，我騎著Youbike，一一把它記錄下來，讓更多人也一起來體驗臺北的幸福，意識到自己正在做這樣一件快樂的事情，所以騎著Youbike就更加快樂。

另外，在書中還設計了可以記錄旅程中，關於這些幸福回憶的美麗扉頁，無論是蓋章、筆記、照片、塗鴉、門票，和我一樣，把旅程之中的幸福，一起在書裡記錄下來吧！

最後，感謝媽咪、金城妹子，所有景點熱心講解的導覽員、老闆、老師，讓我們對自己的家鄉有更多的認識！更謝謝張先生，以及所有出版社的工作同仁，謝謝你們為本書的付出!謝謝你們！

全世界「微笑單車中」！

最近走在臺北市街上，你的目光是否常被一抹陽光、活潑的橘黃色身影所吸引？沒錯，那正是臺北市最可愛的新朋友——微笑單車「Youbike」！

幸福Youbike的使用方式

★ 跟著作者在書中的7條遊玩路線中，如有發現可以「蓋章」的景點，別忘了蓋在書中精心設計的「bikebike幸福回憶」的頁面中，每蓋一個章可以得到「一枚幸運草」。

★ 書中另外設計了4條獨家尋寶圖，分別是松山文創園區美拍秘境、青田七六的小秘密、林安泰古厝美拍秘境、客家文化中心必遊景點，這4條路線各藏有十個秘密景點，找到之後可以在「I get it」的小方格中打勾！每個景點依難易度，可分別得到不同數量的幸運草！

★ 在書中最後的「幸福達人榜」中，計算自己總共得了幾枚的「幸運草」，然後看看自己是哪個等級的幸福達人！

哪裡有微笑單車？

你知道嗎?除了臺北市之外，全世界各大先進的首都、城市，幾乎都擁有城市專屬的單車，數量之多，簡直令人驚訝！

「城市單車」的概念，在先進的歐洲國家已行之有年，所以歐洲城市擁有單車的密集度，也是世界之冠，近幾年，中國也開始在各大觀光城市，設置便利的城市單車，相信不久的將來，無論到哪裡旅行遊玩，友善、環保的單車，將成為另一種旅行的方式。

目前臺北市的微笑單車設置點，從最北邊的捷運淡水線新北投站，南至景美站，橫貫東西方向的藍線則從西邊的萬華區，一路延伸至南港區，設置點數量已多達一百多個，且還在陸續增加中。

設置點大部分在捷運站及其周邊景點、公園等，結合交通與景點之間的聯結性，也補足城市捷運與公車無法伸入的巷弄間，可說是城市交通脈線的微血管。值得一提的是，就連河濱公園等比較偏遠，但騎單車卻很舒服的休閒綠地也都有點喔！這對喜歡到河畔騎單車的人來說，真是太棒了！

未來的微笑單車

其實新北市也有單車的設置，不過設置點相當少，且只集中在新北市政府的所在地——板橋附近，所以一直顯為人知，不過好消息是未來臺北市政府將與新北市政府合作，整合雙北市的微笑單車系統，到時不止是臺北市，就連新北市各處也都可以看見微笑單的身影了！

　　免去帶腳踏車上捷運的不便，真正實現了「走到哪、玩到哪、騎到哪」的綠色生活！

Youbike禮貌文化運動

　　既然騎單車是這麼棒的一件事，那麼遵守些簡單的「單車禮貌文化」，讓生活在這個城市的每個人，無論有沒有騎單車，都能享受優質生活，把單車帶給我們的微笑，也帶給城市中的其它人吧！

★ 客滿時，借車、還車要排隊

　　在遇到上下班的尖峰時間時，有的設置點會面臨「無車可借」或是「無空位可還」的狀況，除了改往其它設置點尋求借還車之外，想在原地等待借還車的人，為了避免發生借還車的順序糾紛，在設置點附近的地上繪有「等待點」的符號，做為現場等待排隊的起始點，如此一來，便能先到先使用！

★ 勿騎騎樓

　　目前在臺北市並不是任何地方都規劃有單車專用道，騎在馬路上與摩托車、汽車爭道又太危險，所以人行道和騎樓這兩個路人使用權的地域，變成單車騎乘路線的首選，不過請大家注意喔，請勿將單車進騎樓，騎樓空間狹小，實在不適合讓行人和單車共行。

★ 行駛人行道時減速慢行

雖然人行道比騎樓寬闊、路面平整，但行人眾多，且可能有小孩、老人，所以即使人行道可供單車騎乘，不過還是需要減速慢行，並優先禮讓行人。

★ 行駛單車專用道

在臺北市單車量較多的地域，例如公園和馬路，多有繪製「單車專用道」的符號，讓行人與單車分道並行，以確保雙方安全，如果看到有此符號的話，要盡量騎乘在專屬道上。

★ 保持良好車況給下個人使用

良好的車況除了不蓄意破壞單車、騎乘時適當使用之外，臨走前別忘了帶走放在單車籃裡的物品與垃圾，留給下一個使用者，一台乾淨的微笑單車！

★ 全民來把關

如有發現單車故障，可以把座椅反放，一方面讓定期巡邏維修的單位容易識別，一方面也可以讓別的使用者不誤踩地雷，借到故障的單車，只要一個小小的舉手之勞，就可以帶給大家更多的方便喔！

Contents

Contents

Chapter 7

出發！臺北bike！bike！台電大樓站 185

Chapter 8

如何使用Youbike & Youbike幸福達人榜 213

可以嘗試在此處黏上
自己去旅遊所拍攝的照片
並寫下當時難忘的記憶

隨手小品：

可以嘗試在此處黏上
自己去旅遊所拍攝的照片
並寫下當時難忘的記憶

隨手小品：

可以嘗試在此處黏上
自己去旅遊所拍攝的照片
並寫下當時難忘的記憶

隨手小品：

可以嘗試在此處黏上
自己去旅遊所拍攝的照片
並寫下當時難忘的記憶

隨手小品：

可以嘗試在此處黏上
自己去旅遊所拍攝的照片
並寫下當時難忘的記憶

隨手小品：

Chapter 01

出發！臺北bike!bike!

西門站

西門站

昆明街

日新戲院　誠品大樓

電影公園

停車塔

娥媚街

星聚點

世運麵包

老天祿
滷味

14

福星國小

開封街

武昌街

中華路

鴨肉扁

漢口街

楊桃冰

成都路

西門站

M

3

蜂大咖啡

西門紅樓

懷舊幸福系
bike路線

▶▶▶ 西門站

遊玩路線：捷運西門站>>成都楊桃冰>>西門紅樓>>蜂大咖啡>>天后宮>>星聚點>>上海老天祿>>世運麵包>>電影街>>電影主題公園

起點站：西門站6號出口

說到西門町，那是許多人的青春回憶之地，無論是穿著制服、背著書包，下課後與同學來此閒逛，或假日和情人約在此碰面，明星歌手簽唱會等等演藝活動，這裡是最佳的舞台！

西門町，永遠不缺新鮮事！

那西門町又是怎麼形成的呢？其實真的說出來，恐怕不如現在看到的浪漫歡樂，在日治時期，西門町還是一片荒涼的區域，簡單的說，就是城市旁邊的墳墓區，生病的、戰死的，以及無名屍首等，都是葬在此處，所以這裡的衛生環境相對也比較差，後來雖然經過整治，但這裡一直發展不起來，而且頻頻傳出鬧鬼傳聞。

　　日本人後來在風水高人指點下，建造現在的西門紅樓，造型是取中國的八卦及西洋的十字架，不知是否真是風水發揮影響力，從此之後，西門町漸漸繁榮起來，成了交通集散地——臺北車站旁，一塊最為富庶、熱鬧的商店區。

　　捷運開通後，「西門站六號出口」成了約在西門町碰面時，最醒目的標的，甚至還有一部電影，名為「六號出口」，講述的正是西門町的潮流文化、青少年問題、西門町奇人傳說等等，不失為快速認識西門町另類面貌的入門方式。

西門町永遠不缺新鮮事，也是年輕人展現
自己的青春與活力的最佳舞台。

西門町永遠是潮流的指標之一

第一站：成都楊桃冰

成都楊桃冰就位於捷運西門站六號出口旁

　　西門站六號出口旁邊，有一家老字號「成都楊桃冰」，創立於1966年，算一算，都已經快有五十年的歷史了！

　　在寸土寸金的西門町，這裡的楊桃汁與鳳梨汁卻只要20～30元，小小一杯解渴剛好，據說老闆堅持用「人工」一顆一顆採收的方式，不用傳

統的手搖樹讓楊桃掉落方式，就是怕楊桃在掉落的過程被碰壞，容易腐爛。

　　細心的清洗和醃製後，經過約莫三個月的等待，天然的發酵、入味，使喝起來的楊桃汁除了鹹味，還有一股甜、甘味。喝膩了可樂、汽水等充滿糖水的飲料嗎？那麼不妨試試酸酸甜甜、擁有戀愛般滋味的楊桃冰吧！

第二站：西門紅樓

　　喝完酸酸甜甜的楊桃冰，過了馬路對面，有一棟美麗的紅磚造古蹟，那便是──西門紅樓。

西門紅樓是一棟
有著和洋兩種風格的建築。

西門紅樓的美麗紅磚，讓建築築物保持冬暖夏涼。

　　在日據初期，這裡最初原為一座官方木造市場，在明治41年，西元1908年，由當時的總督府營繕課的近藤十郎設計，改建為一棟美麗的紅磚建築，這棟建築的特殊之處，在於從骨子裡到外觀，融合中西的特長與造型。

　　在外觀上，中式的八卦及西方的十字架形狀架構，可說是史上首次所見；在建築材料上，外牆為中式紅磚，冬暖夏涼，樓板則用鋼筋水泥，屋頂採用鋼骨架構。

　　在東方文化不斷遭受西方軍事及文化衝擊的年代裡，西門紅樓可說是那個年代下最美麗的產物之一。

　　如今西門紅樓已被列為國定三級古蹟，現在這裡這裡除
了保有原有建築的珍貴，更注入當代的文化活力，除了在建
築內規劃出展演、文創商店等區塊。

　　紅樓前的廣場在每個週末下午兩點至晚上十點，有充滿
原創精神的創意市集，一如此地最初為市場的歷史背景，現
在依然扮演著一種交換與生活的氛圍，儘管時光荏冉，紅樓
依然靜靜美麗。

西門紅樓前週末都有創意市集可逛。

第三站：蜂大咖啡

　　咖啡在今日，已經成了國民飲料之一，不過在半個世紀以前，在臺北喝一杯咖啡，那可是時髦的享受，更別說是喝到一杯「好」咖啡。

　　對許多人而言，來到西門町，為的可能不是逛街和看電影，而是為了來這裡和自己重視的對象約會、品一杯好咖啡、享受一個悠閒的午後。

→ 蜂大咖啡店前的點心櫃看的令人食指大動，親切的老奶奶還站在櫃前努力的服務客人。

↓ 蜂大咖啡除了是咖啡店，也可買咖啡豆回家。

冰滴咖啡起源於荷蘭，是利用低溫五度的「冰水」，一滴一滴慢速滲透咖啡粉後，低溫萃取，這樣所製作出來的咖啡，味香純濃、不苦不酸，最重要的是不傷胃，不過需要耐心、長時間的等待才能製出一杯美味的冰滴咖啡，而咖啡製成之後，通常需加入冰塊稀釋，所以有「冰滴咖啡」的美稱。

創立於1956年的蜂大咖啡，除了有一般咖啡店罕見的「冰滴咖啡」，還可以在店內選購咖啡豆、煮咖啡的相關各式器材，幸運的話，說不定還能向老闆請教請教有關咖啡的知識。

另外，擺在店內最前方的透明玻璃點心櫃裡，光是看著那核桃餅香酥的外表及親民的價格，看了直叫人流口水，不知不覺雙腳像是著了魔，自動往店內走進去了！

天后宮就夾在民居建築之中，
特殊的造型讓它相當醒目。

在峰大咖啡吃飽喝足了之後，心滿意足的步出店外，在馬路對面斜對角，仔細看的話，能瞧見夾在一排民房之中，「垂直」發展的廟宇，那是西門町裡香火最鼎盛的——天后宮。

天后宮裡面供奉的是媽祖，其實天后宮原本並不在現今的位置上，而是在艋舺的直興街，於乾隆十一年時興建，天后宮源於一唐山艘來台的商船，當時來台經商，請了媽祖的神像隨行，希望保佑一切順利平安，等到談完生意，準備啟程返航時，卻困難重重，諸事不順，向媽祖詢問之下才知道，原來是媽祖想留在臺灣，不願離去。

最後眾人決定，將媽祖神像留在艋舺，眾人捐資興建了「新興宮」供奉媽祖，在當時與龍山寺、祖師廟並稱艋舺三大廟宇！後來經過火災、二次世界大戰，媽祖廟遷址到現在的位置，後來改名為天后宮，也有人稱「西門町的媽祖廟」。

第五站：星聚點

新興崛起的另類飆歌去處，兩人即可開一包廂，以人頭計價，只要挑選人潮較少的時段進場，便可以極其優惠的價格歡唱，在一樓除了有吃到飽的食物可以拿到包廂食用之外，還會另外發放點數，利用電腦點餐，現點現做精緻美食，點數不夠使用還能加買。

多樣的飲食選擇，無論你是想要「吃巧」還是「吃飽」，都可以獲得滿足。挑高、奢華、媲美飯店的用餐環境，不止歡迎年輕人，長青長者前來歡唱，還有特別優惠喔！

第六站：上海老天祿

西門町有名的老字號魯味，因為受到明星欽點來臺必嚐美食，從臺灣一路紅到香港，同時也是許多臺北人來西門町逛街、看電影必買的老味道！必買的選項

上海老天祿是許多外國遊客來西門町必嚐的美食。

除了明星們愛吃的鴨舌頭之外，豆干也是不錯的選擇！

25

第七站：世運麵包

在許多老一輩人的心裡，世運麵包店可不止是一家麵包店，更代表的是那個年代的味道與記憶。

世運食品承載著許多老一輩人的回憶。

世運麵包是一家相當特別的麵包店，在1950年成立（民國39年），取作「世運麵包」是因為創辦人吳定標先生，除了是位優秀的麵包師傅之外，也是一位柔道選手喔！

除了做出好吃的麵包，他更大的心願是希望能將臺灣的柔道運動發揚光大，有天能在世界的舞台發光發熱，因此便把店名取為奧林匹亞世界運動會的簡稱「世運」，是不是很有趣呢？

而世運也是當年第一家以「複合開放式」經營的麵包店，當時在店裡，不僅賣麵包，同時也賣涼麵、壽司、三明治、手工餅乾等等，在當時，這些食物都是很「時髦」的食物，這樣的經營方式，更是前所未見。

直至今日，還可以在店裡買到「魯味」喔！雖然價格不算平民級，不過味道卻是享受級的，還有鳳梨酥，也是店內的主打商品。

現今西式麵包店林立，甚至歐式、手工等等種類多到目不暇給，世運麵包的商品在今日看來或許普通，不過其中承載那個年代的記憶，卻是無可取代。

第八站：電影街

穿過小巷子，一走到武昌街二段，不用多作解釋，街道旁滿滿的電影海報、看板，以及每到散場、進場時刻，便大排長龍的一樓售票處，讓人馬上知曉已經來到電影街。

熱鬧的西門町其實也有一度沒落的年代，國內電影市場一度萎縮到一年只產十二部電影的時候，曾是約會首選地點的電影院，人潮少到讓業者大喊吃不消，連帶周圍商家也接連關店。

不過有一個人沒有走，他看到日本繁華的商店街，多以行人徒步區的模式操作，他認為人潮眾多的西門町也很適合這樣的規劃，於是經過奔走，向政府申請經費後，打造出現在的西門町。

電影街上有好幾家戲院，每當有大片上映時，這裡就變成電影公司最佳的宣傳地。

是許多人看電影必備的零嘴。

他將那些經費化為永遠不會壞的街燈、街椅、街柱，另外，在西門町燈柱上不但漆上不同的顏色，還編上不同的號碼，為的就是讓大家在廣大的西門町可以更快找到朋友。

在電影街的戲院，有日新威秀、樂聲、in89豪華大戲院，各有不同的設備與特色，其中值得一提的是in89豪華大戲院。

除了本身是電影院之外，隱藏在戲院中的是獨家創立的「影藝學院」，專門開設影藝、拍攝影片、表演、劇本等等課程的地方，為培育新一代電影從業人員重要的新興地點之一，讓電影街在看電影、約會之外，增添一絲文藝氣息。

第九站：電影主題公園

在in89豪華戲院的斜對面的電影主題公園，前身是日治時代的臺灣瓦斯株式會社，現在會社功能已經不在，取而代之的是新的藝術力量。

電影公園就位於電影街的街尾

公園成為了年輕人玩滑板、
的休閒場地。

31

公園因為位於電影街的街尾，所以衍生出與電影有關的——「月光電影院」活動；偌大的工廠廣場，每隔週六的下午兩點至晚上七點，舉辦二手市集，現場更有不定期的展覽活動；臨近公園一角的籃球場，更是年輕人切磋球技、舞技的最佳場所。

被保留下來的舊廠房煙囪、煉焦爐，與新搭建的鋼構露台、橋樑，都讓此地透露出一股新與舊融合的獨特美感，不僅成為許多偶像劇的取景之地，也讓許多年輕人在夜晚時來此散步約會！

旅程中，有什麼幸福的回憶呢？
在這裡記錄下來吧！

bikebike小秘技

• 在電影主題公園，每隔週六在這裡會有二手市集擺攤喔，
時間約為下午兩點到晚上七點，喜歡逛二手市集的人可別
錯過嘍！

bikebike資訊站

站名	開放時間	地址
成都楊桃冰	12：00～22：00	臺北市成都路3號
西門紅樓	週二至週日11：00～21：30 週一公休	臺北市成都路10號
蜂大咖啡	週一至週日08：00～22：00	臺北市成都路42號
天后宮	06：00～22：00	臺北市成都路51號
星聚點	週日至週四10：00到次日07：00 週五 10：00到次日08：00 週六 08：00到次日08：00	臺北市成都路81號
上海老天祿	週一至週日10：00～20：00 每個月第一個星期一公休	臺北市成都路56號
世運麵包	10：00～22：00	臺北市成都路78號
電影街	戶外全天	臺北市武昌街二段
電影主題公園	戶外全天	臺北市康定路19號

Chapter 02

出發！臺北bike!bike!

南京東路站

南京東路站

M

南京東路站

臺北小巨蛋

城市舞台

臺北市立體育場

八德路

市民大道

臺灣電視大樓

忠孝復興站

M

忠孝東路

敦化南路

信義路

Ubike

松山文
創園區

誠品
松菸館

市政府站
Ⓜ

國父紀
念館站

Ⓜ

基隆路

國父
紀念館

光復南路

世貿
中心站
Ⓜ

臺北101

四四南村

時光幸福系
bike路線

▶▶▶ 南京東路站

遊玩路線：捷運南京東路站>>臺北小巨蛋溜冰場>>松菸文創園區>>誠品松菸館>>臺北101>>四四南村

起點站：捷運南京東路站

位於臺北城偏東的場域，許多人對這裡最大的印象，大概就是常常開演唱會的小巨蛋，以及逛逛斜對角的百貨公司——就沒了！

其實這一區如果好好運用得當，會是臺北都會水泥叢林當中，一個市民休閒的綠洲！

從小巨蛋旁邊走過，穿過運動場，在旁邊有明星經常出沒的電視台，如果你不喜歡演藝八卦也沒關係，正對面是充滿文藝氣息的城市舞台表演中心，特殊的建築構造，讓你往地下室走去像走入一處只屬於你的祕密基地。

往前走，當你才剛從五光十色的表演當中抽離，卻又馬上跌進充滿光陰故事的松山菸場，磨石子地、黑色木頭窗格，會讓你以為穿越了時空來到五〇年代，但旁邊一棟嶄新大樓卻又提醒你，現在是二十一世紀。

而來到臺北最著名的地標——臺北101前面，當你以為這裡只有高樓大廈、都會男女，一回頭才發現，自己置身於眷村矮房、小巷當中，被綠意和充滿創意的商店圍繞，一瞬間，在都會之中掉進光陰的故事裡。

第一站：臺北小巨蛋溜冰場

許多人對小巨蛋的印象莫過於演唱會的場地認知，但其實小巨蛋是結合了旁邊的田徑場、松山運動中心、暖身場，位於臺北市中心，供市民一處「休閒運動」之地，戶外的暖身場常常有很多人在這邊跑步、運動！

小巨蛋不止可以聽演唱會，裡面可以溜冰，旁邊有運動場可以跑步。

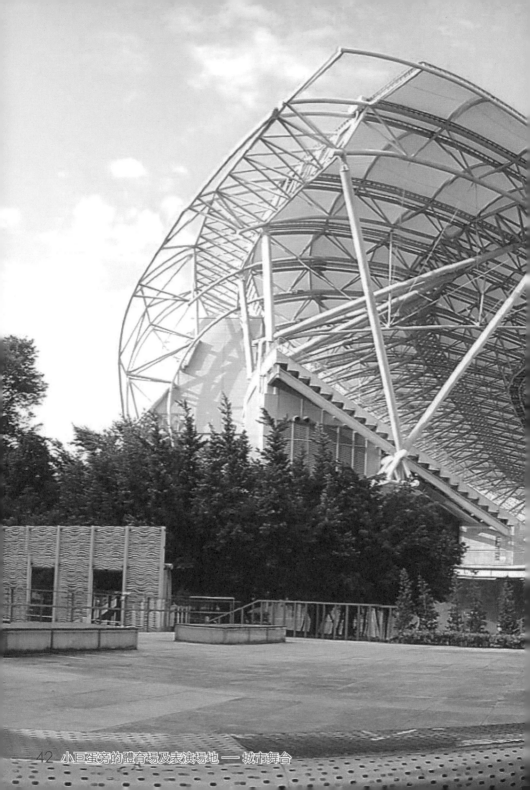

除了暖身場之外，在小巨蛋內部，最受歡迎的，就是在二樓的溜冰場！就算是終年不下雪、不會結冰的臺灣，也可以像電影中的浪漫場景一樣，幻想自己成為優雅的冰上精靈！

小巨蛋裡的溜冰場成為台北人溜冰的好去處。

不過要進入冰場滑冰，必須有全套的護具及滑冰鞋，沒有專業滑冰鞋的人別著急，現場可以租借，費率如表。

項目	費用	備註
滑冰券	190元／2小時	如遇冰面整理時間，則順延使用時間
補票（超時票）	45元／30分鐘	超過兩小時後，每30分鐘之收費
參觀券	30元／4小時	只能陪同入場，不可入場滑冰
租用冰鞋	80元／次	
租用護具（安全帽、護膝、護掌、護肘）	各20元／次	全套租用50元

學生特惠專案

時間	費用	備註
週一至週四	150元／2小時	・需出示相關證件證明。 ・此價格含冰鞋及全套護具。 ・寒暑假期間依臺北市政府教育局的公告為準。 ・假日及寒暑假期間不適用此優惠方案。

　　來到這裡溜冰的話，最好穿著長褲、長袖衣服，因為溜冰場裡的溫度約只有十二度左右，就算是夏天進入場地溜冰，還是要注意做好保暖。

第二站：松山文創園區

　　松山文創園區在日治時期的全名為「臺灣總督府專賣局松山菸草工廠」，那時候還專門設立一站火車站——臺北煙草工廠，提供運輸之用。

　　菸草工廠的菸販售到華中、華南、南洋等地區，數量之多，供不應求。

松山菸場的服務中心外有一台可即時照相、還可以直接mail到信箱的智慧型機器，忘了帶相機的話，別忘了來這邊留個紀念。

45

松山菸場的舊倉庫和新誠品大樓相映成趣 47

誠品松菸館倒映在松菸生態池，與之相呼應 49

松山文創園區美拍秘境

一找找看，自己可以搜集到幾枚幸運草！

□ I get it!

✿ ✿ 巴洛克花園噴水池

巴洛克仕女雕像 □ I get it!

可愛企鵝 □ I get it!

北向製菸廠 & 水景 □ I get it!

□ I get it! 倉庫群建築

松山文創園區美拍秘境

－找找看，自己可以搜集到幾枚幸運草！

❀ ❀ 小山堂　☐ I get it!

☐ I get it!

製菸廠房

風雨走廊 □ I get it!

製菸廠時光走廊 □ I get it!

鍋爐房與煙囪 □ I get it!

53

松山菸場的生態池
真的有鴨子！

　　1945國民政府接收來台之後，更名為「臺灣省菸酒公賣局松山菸廠」，在1987年的時候，菸廠生產達到最高鋒，員工最多曾一度達到兩千多人，年產值將近210億新台幣，這個數字就算今天來看，依然驚人。

　　不過好景不長，短短的十多年之間，菸廠逐漸走向沒落，最後在1998年關廠，併入臺北菸廠，原本的松菸工廠正式走入歷史，於2001年被指定為臺北市市定古蹟，

　　在2010年轉型成為「松山文創園區」，不僅成為許多國際性展覽、藝文演出的重要場地，園區內的多項建築也被再度活化利用，文創商店的進駐、臺北紅點設計博物館的成立，都讓松菸披上一層更加美麗的外衣。

誰是伊東豐雄?

在台灣,伊東豐雄的建築你一定不陌生,例如高雄2009年的世運主場館、台中國家歌劇院、臺北誠品松菸大樓,還有桃園國際機場的改建工程,都是出自於伊東豐雄建築師之手。

其實在若干年前,他的建築作品還曾在臺北市立美術館裡,做一系列的展出,當時最令人印象深刻的,便是位於日本表參道TOD's的大樓,簡潔俐落的白色外觀,不規則的白色樹枝狀造型開窗,在看似浪漫、隨性的樹枝造型的背後,是經過一連串電腦數據精密的計算,而那棵樹形更不是建築師隨手畫畫,而真的就是在TOD's大樓正前方的一棵樹。

展覽中有張照片,正是那棵樹與大樓的合影,確認是一樣的形狀無誤!

伊東豐雄的建築總是一直在思考建築、人,與環境的關係,從他的諸多作品中,讓人強烈的感受到,他的建築,除了在環保、節能、生態中,多種層面去探討建築的可能性,他更在意的是「建築物與周圍環境的協調」,不止是在造型上,更是從整體的環境來思考。

他不但曾獲得威尼斯建築雙年展金獅獎的肯定,更在近年獲得了建築界最高的榮譽──普利茲克獎!

誠品松菸館的設計由日本建築師伊東豐雄設計，內縮上升的造型，像把松菸抱在懷裡一樣。

第三站：誠品松菸館

由日本建築師——伊東豐雄所設計的「誠品松菸館」，終於在2013年正式開幕，就位於松山文創園區旁邊，已經成為了松山的新地標，也是臺北市最新的休閒去處。

站在松山菸場內，可以看到外觀樓梯逐層內縮，整個建築呈現緩緩的向上爬升、微微懷抱松菸的姿態，內縮、上升的設計減緩高大建築量體對松菸的壓迫感，如果能在建築物中，增添一些綠意，與對面松菸的生態池呼應，那就更完美不過。

第四站：臺北101

臺北101除了跨年的煙火秀之外，其實101內部本身也很有看頭喔！首先到五樓排隊買票之後，就能體驗在2004年，經過金氏紀錄協會認證過的「最高速恆壓電梯」，只要37秒就能咻一下的到達89樓觀景台，平均一分鐘可以上升1010公尺咧！簡直就像騎乘掃把的魔女一樣！

101大樓的吉祥物，想去景觀台，跟著它走就對了。

101大樓晚上點燈後相當美麗

59

來到101樓上，除了觀賞風景，還能從這裡寄明信片，最重要的是去參觀大樓的命脈——「風阻尼器」，因為在地震頻繁的臺灣，這麼高的摩天大樓，沒有這個風阻尼器的話，可是很危險的喔！

第五站：光陰的故事——四四南村

自從捷運101站通車之後，民眾已經可以直接搭捷運到達101大門口，不過在寸土寸金的信義區，你可知道就在101對面，還有著一處充滿綠意、文創的秘密基地？

四四南村不但是重要的眷村回憶，現在也是信義區的公民會館。

四四南村也成為展示眷村文化
最佳的展演場地。

61

在一片綠意山頂草堆旁，有四棟矮房建築，這裡就是臺北市的第一個眷村——四四南村的舊址，不過隨著信義區的開發，眷村的居民漸漸被遷出。

建築物原本會被完全拆除，不過在文化界的眾多人士奔走之下，認為眷村文化是臺灣歷史的一部分，更是臺灣一段相當特殊的文化，應予以部分保留，幸好最後還保留了四棟建築，現在規劃成信義公民會館，並且被指定為古蹟保存地。穿梭在狹小的巷弄中，讓人開始幻想光陰的故事中，孫一美、茜茜、一元等角色，以及眷村樸實、充滿人情味的生活。

摩天大樓或許能讓人感到驚嘆，但能保有這麼一塊充滿人文與歷史意義的時光之所，才能令人感到幸福！

好丘商店為四四南村注入一股文創的活力。

好丘商店裡面販賣的商品充滿創意與絕佳的品質。

眷村文物館

四南村和背後的101大樓
成極大的反差對比。

四四南村旁的廣場
是假日簡單市場的場地。

bikebike幸福回憶

旅程中，有什麼幸福的回憶呢？
在這裡記錄下來吧！

- 在四四南村的對面,是「好丘」文創商店,兩者中間的廣
  場在週末會有「簡單市集」以及不定期的二手市集、農品
  市集,可以上官網報名擺攤,也可以在充滿陽光的悠閒午
  後,到這裡走走、挖寶!

bikebike資訊站

站名	開放時間	地址
小巨蛋溜冰場	週一至週五10:00~21:00 週六09:00~21:00 週日09:00~18:00	臺北市 光復南路133號
松山文創園區	園區內-室內區域9:00~18:00 園區內-戶外區域8:00~22:00 園區外(包含生態景觀池與鍋爐房周邊範圍):24小時開放	臺北市 菸廠路88號
誠品松菸館	【商場/書店】11:00AM~10:00PM 【電影院/表演廳】平日11:00~10:00 /週末及國定假日10:30~22:00	臺北市 菸廠路88號1樓
臺北101	觀景台營業時間: 週一至週日09:00~22:00(21:15停止售票)全票:500元/優惠票:450元(學生、軍警)愛心票:全票半價(65歲以上老人)	臺北市 信義路五段7號
四四南村	週二至週日09:00~16:00 週一休館	臺北市 松勤街50號
好丘	信義店 週二至週五10:00~21:30 假日營業時間09:00~18:30	臺北市 松勤街54號
簡單市集	生活市集/週日13:00~19:00 Second Love 二手主題週/每月第二和第四個星期六13:00~19:00	臺北市信義區松勤街54號,信義公民會館(原四四南村)中央廣場

Chapter 03

出發！臺北bike!bike!
大安森林公園站

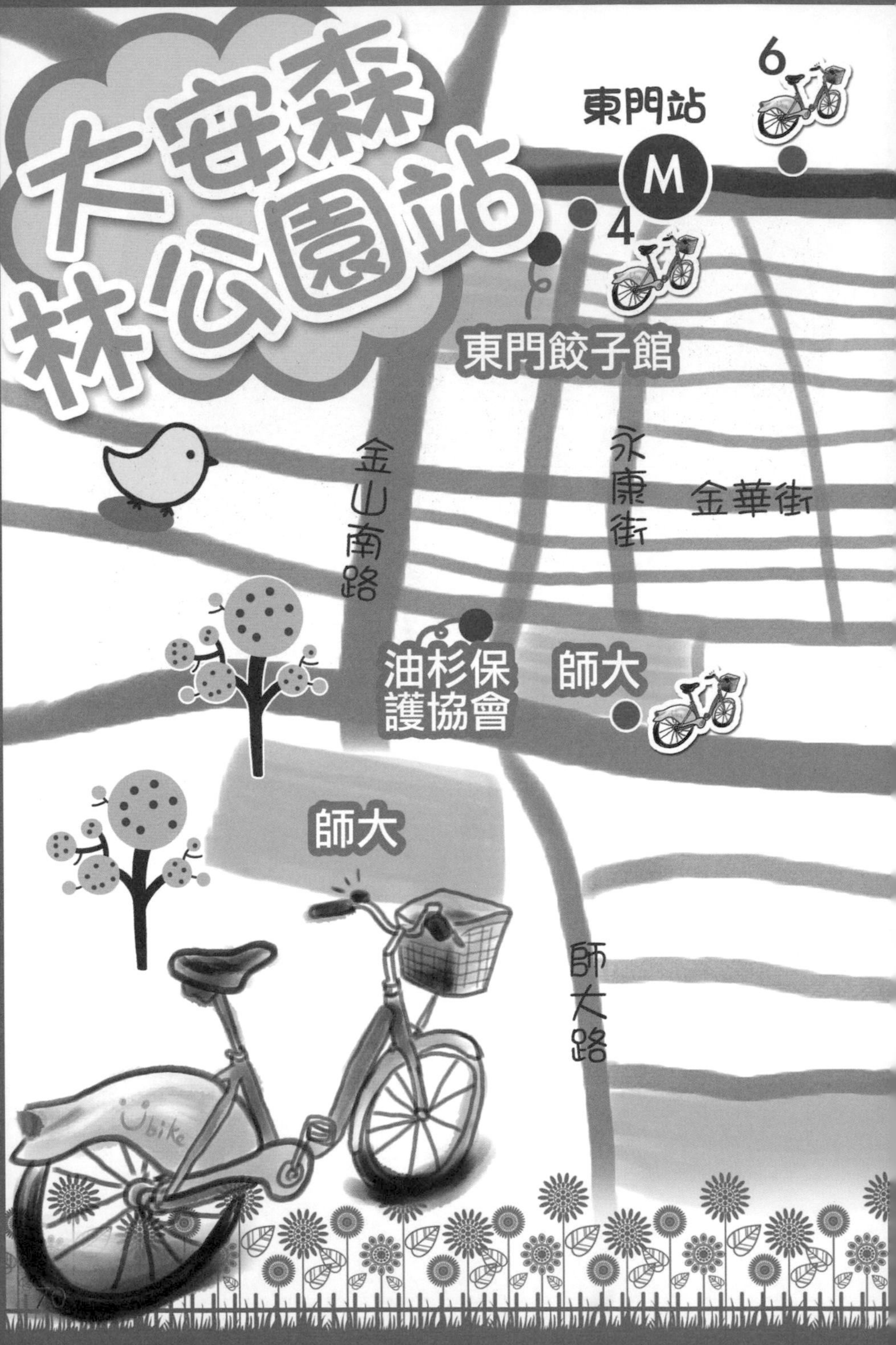
大安森林公園站
東門站
M
6
4
東門餃子館
金山南路
永康街
金華街
油杉保護協會
師大
師大
師大路
Ubike

大安森林公園站

信義路

M

新生南路

青田街

大安森林公園

建國南路

聖家堂

青田七六

清真寺

和平東路

蘿蔔絲餅

溫州街

殷海光故居

紫藤廬

森林幸福亮
bike路線

▶▶▶ 大安森林公園站

遊玩路線：捷運大安森林公園站>>大安森林公園>>
臺北清真寺>>臺北聖家堂>>青田七六>>永康街美食
>>殷海光故居>>紫藤蘆>>蘿蔔絲餅店

大安森林公園站內有趣的公共裝置藝術

起點站：捷運大安森林公園站

在2013年底開通的捷運大安森林
公園站，可以稱的上是臺北捷運裡最美
麗的一站！

數公尺高的瀑布、綠樹、裝置藝術等等，更別提再往上
走出去，就是臺北之肺——大安森林公園，讓人進出這個車
站時，心情不自覺的便愉快起來！

大安區從以前一直就是台大教授、師大老師，許多文人
雅士喜愛居住的區域，在猶如綠色公路的巷弄之中，不乏
許多學者、名人居住過的日式宿舍，雖說大部分已年久失
修，或遭城市規劃重新開發、建蓋大樓，但也有少數極具歷

大安森林公園是台北市中心的森林 73

74 大安森林公園站是號稱
全台北市最美麗的捷運站。

史價值、文化意義的名人雅居，被努力的保留下，例如青田七六、殷海光先生故居，這些人或許名氣不大，不過經由參訪這些人住過的小房子，會佩服這些默默堅持理想、信念的前輩。

對於歷史洪流來說，他們或許只是微不足道的小人物，但他們所做的事，卻偉大的影響每一個後代人的生活。

我們就在美麗的綠色巷弄裡，探訪這些秘密又美麗的老建築吧！

第一站：大安森林公園站

走出有「最美麗的捷運站」——大安森林公園站後，就是擁有「臺北之肺」之稱的大安森林公園。

不過需要注意的是，在公園內是不能騎腳踏車的喔！只能在公園的外側，畫有腳踏車道專用線的地方才能騎乘，大安森林公園有三個youbike的站點，騎著腳踏繞行公園是很舒服愜意的事。

大安森林公園隨時等著市民來此休息

大安森林公園捷運站的外觀
既充滿獨特性又充滿藝術性。

77

大安森林公園捷運站內
充滿科技先進感。

第二站：臺北清真寺

　　臺灣人的宗教信仰，大多以佛教與道教為主，每每從電影、電視看到的回教國家新聞，不是恐佈攻擊就是國家內戰，使人常常覺得回教徒等同於恐怖份子？

　　其實這都是不正確的刻板印象，大部分的回教徒其實就像你我一樣，只是平凡的老百姓，只是他們的信仰比較特殊，不吃豬肉，女性需戴頭巾，每日固定時間、方位的五次禮拜、每年的伊曆九月得實行一個月齋戒月，這些異於其它宗教的特殊規定，使人感覺回教徒總蒙上一層神秘面紗。

80　清真寺外觀具有相當濃厚的異國風味

清真寺的建築上有特殊的美麗圖騰

清真寺奇特美麗的拱廊柱

　　其實在臺灣，信仰回教的人數多達六萬人，全台從北到南，共有六座清真寺，這些有著美麗圓頂、異國風情濃厚的清真寺，就分佈在你我生活周圍。例如在美麗的大安森林公園旁邊，就有一座。

　　回教又稱「伊斯蘭教」或「清真教」，其教名是源自古蘭經，「伊斯蘭」和「穆斯林」皆源自阿拉伯文，「伊斯蘭」意思為「安寧、和平」，信仰伊斯蘭教的人稱作「穆斯林」，意思為「歸信並順從真主命令的人」。

　　遠在唐朝時期，阿拉伯和波斯商人因為來東方通商、買賣香科，於是伊斯蘭教信仰便在中國流傳開來，人數漸多，到了今天，信仰伊斯蘭教的穆斯林們，人數多達中國人口的十分之一，無論是到皇城北京，還是古都西安、洛陽，到處都有回教徒與清真寺的蹤影。

　　這些回民可不是零星的出現，而是用一條「回民街」，或是「回民區」每個城市生活，裡面充斥著各種回民獨有的特色料理，每每看到回民街三個大字，就知道有美食可吃了！不過回教是禁止吃豬肉的，所以回民街有關肉類的美食，通常以牛肉或羊肉為主。

信仰回教的五大修行功課——信仰唯一真主：穆罕默德

唸	誦唸「清真證言」。
禮	於每日的晨、晌、晡、昏、宵五個時間，進行五次禮拜。
齋	以伊斯蘭的曆法計算，每年九月為齋戒月，在這個月之間的白天時間裡禁止飲食、娛樂，意於為去慾止惡，並且奉勸行善。
課	每年要將自己的總財產結算一次，並以富餘的部分挪出四十分之一行善，盡進自己的社會責任。
朝	回教徒一生有一個願望，便是去阿拉伯半島的聖地——麥加朝聖一次。

第三站：天主教——臺北聖家堂

在臺灣，宗教信仰還有一個特殊之處，那就是——自由。不止是人民選擇的自由，還有自由之下和平共處的奇特風景，就如同臺北的清真寺旁，可以矗立一棟天主教的聖家堂，兩者卻能和平共處、相安無事，也造就森林公園旁獨特的異國風情。

看懂聖家堂：聖家堂的建築造型：如從空中鳥瞰的話，聖家堂的外觀呈現十字架形狀，進到內部空間，往上挑高且集中的視覺引導，讓人不自覺的面朝天上仰望，白色的空間搭配上適時開窗、彩繪玻璃的光線引導，油然而生一股神聖之感。

聖家堂的聖體燈：在祭台後方有一盞紅色的小燈，這是一盞永不熄滅的明燈，也是耶穌為信徒指引方向的象

徵，凡是有任何疑惑、痛苦、
迷惘的人，在安靜祥和的教堂
內坐一坐，寧靜一下，與耶穌
交談，說不定迷惑自有解答。

聖家浮雕：在聖家堂祭台
正中央的牆上，刻有三人的浮
雕，從左到右分別是聖母瑪利
亞、年幼的耶穌、以及若瑟，
在天主教裡稱之為「聖家」，
也是世上家庭的典範。

最左邊坐著的瑪利亞，在燭
光下為家人縫製衣裳，最右邊

聖家堂兩旁的玻璃鑲嵌畫相當值得一看

的若瑟是一名木匠，他是勞工的守護神，同時也是耶穌的
養父，他一生盡責、默默付出、體貼，因此被封為「聖若
瑟」。

小聖水池：在教堂的入口處旁有一個小小的聖水池，
那是讓教徒在進入教堂後，用手指沾點聖水，在前額與肩
膀輕點劃上十字，並且默唸「因父、及子及聖神之名，阿
們！」。這樣的舉動背後，象徵的是感謝耶穌重生世人的生
命，也是紀念耶穌的救恩。

聖家堂簡單優雅的內部
挑高的屋頂有一種神聖感

14處苦路：在耶穌被釘上十字架之前，背負著巨大的十字架走往刑場，有人諷刺的往他頭上戴上一頂，由荊棘編織而成的頭冠，有人拿石頭丟他，罵他不知廉恥，這一段苦難的道路，便被稱為「苦路」。在聖家堂內的牆上，有十四幅記錄著這段苦路過程的木雕，藉由信徒們的遙望、默想，感念耶穌的偉大。

18幅彩繪玻璃：彩繪玻璃一直是教堂美麗的元素之一，雖然聖家堂的彩繪玻璃不似歐洲教堂裡的彩繪玻璃那樣高大，不過也因為這樣，顯得更加親切。

教堂裡的18幅彩繪玻璃講述的是聖經裡的故事，這些美麗的作品原本屬於比利時耶穌會聖堂的所有物，是法國藝術家李維克在1878年完成。

聖家堂外觀

不過後來教堂改建，於是將此批作品轉贈給新竹的清泉天主教堂裡的丁神父，後來丁神父再轉贈給臺北聖家堂，經由丁神父與雅威弟兄修補之後，美麗的姿態得以在聖家堂展現。

最貼心的是，非信仰天主教或熟讀聖經的人，也不用怕看不懂彩繪玻璃要講述的故事，因為在每幅作品的下方，都有文字細心的說明。

第四站：青田七六

所謂的「青田七六」，所指的就是「青田街七巷六號」，而青田街七巷就位於聖家堂與清真寺中間的巷子，拐

85

青田七六大門相當低調美

個彎往巷內走，在充滿綠意的巷弄間，一棟安靜、優雅的日式老屋映入眼簾。

日據時代，日本人在臺北設立臺北帝國大學，就是今日台大的前身，當時來到台灣的一群日本教授，因為沒有地方居住，因此發起集體開發興建宿舍方案，將近三十位日本教授向東京銀行貸款，自興自建自住，於是這一帶的風景，從原本一片農田景觀，開始轉變成一群優雅的日式矮房。

不過房子落成不過短短十五年之間，日本於二次世界大戰中戰敗，撤退回日本。擁有青田七六的足立仁教授也因為

1944年回到東京出差，碰上1945年日本撤退回日，從此，他再也沒回來過這棟屬於他的宿舍。

　　渡海來台的中國大學教授們，接收了學校，也接收了房子，青田七六的第二任主人是馬廷英教授。目前青田七六被列為市定古蹟，這裡不但有定時導覽，更活用古蹟經營成餐廳，拉近民眾與古蹟的距離。

青田七六經過設計的美麗庭園

漫步青田七六：

日洋混合式建築：站在青田大門往內看，先仔細觀察房屋外觀，在日本明治維新後，日本極欲擺脫各種舊有傳統，努力追趕西方列強先進的工業技術，於是「脫亞入歐」成為當時的主流觀念。

在這樣的時代背景下，日本人把臺灣作為新與舊、中與西的融合最佳實驗室。仔細瞧一瞧，你發現下面這些東方與西方建築融為一處的巧思了嗎？

日式	地基	將下面墊高、懸空，不讓房子與地面接觸，在濕熱的亞熱帶氣候之下，可以保持房子的通風與乾燥性
	雨淋板	在房屋外觀可以發現層層相疊而下的雨淋板
	室內隔局	雖然喊出「脫亞入歐」的口號，但人的習慣很難一朝一夕便更改，日本人是一種「坐」著思考、生活的民族，所以在室內雖有許多西式家具，房間大小也比一般傳統日式房屋來的寬敞，但有些元素還是被保留了下來，例如：榻榻米、可靈活運用的隔間門、與庭院相通的廣緣長廊等等，依舊有著濃濃日式風格。
洋式	窗戶	在客廳向外的窗戶上，可以發現優雅又美麗的菱形玻璃窗格，低調又穩重的華麗，座落在樸實的木頭窗框之中。
	花圃平台	在屋子正面的左側，對稱的樓梯格局、中央設置花圃，這樣的佈局是歐洲建築慣用的花園對稱手法。
	百頁窗	加在花圃平台處的窗戶外的百頁窗，於日本建築中並不常見，較常見於西式建築，加裝在房子北面的立面，除了可以遮陽防雨，在炎熱的氣候下也可有通風功能

充滿創意巧思的燈具：進入室內玄關，抬頭望一下鑲在牆裡的雙面燈具，這樣的設計不但可以將燈泡當作壁燈使用，同時只要開一盞燈，可以同時點亮兩個空間，是不是很聰明又很環保呢？

充滿創意巧思的門：進入客廳的門，雖然尺寸寬度維持日本習慣120公分，不過仔細再看，不是使用傳統的推拉門，而是西式的開門，而且門片還一大一小，這有什麼作用呢？120公分的尺寸比較有利於搬運家具、大型物品時所需要的空間，但這個尺寸對於需要常常開關的門、門片五金承重，卻是一大負擔，於是這樣一大一小的門片設計，就能同時兼具搬家與耐用雙重功能。

舒服的廣緣長廊：常常看日本電影、戲劇裡，老式的宅院總有一道舒服的長廊，主人翁坐在廊下的木頭地板，賞月、賞雪，介於庭園與室內，這一道中介空間，堪稱是日式建築裡最偉大的發明之一，當然，在青田七六裡也同樣看的到。

青田七六內充滿古樸味道的長廊

位於南面的廣緣長廊我認為是整棟建築最美的地方，長廊加寬到180公

分，橫向延伸超出人類視角的寬度，因此感覺有一種特殊構圖的美感，暈黃的燈光、大片木框崁玻璃拉門，卻又保有室內一絲隱秘性，仔細看木框拉門上的玻璃，數一數，有幾種型式呢？

原來，這一大片面積的玻璃在整修的時候，完好的舊玻璃被保留下來，被打破的便用新的玻璃替換，所以上面的玻璃其實有新有舊，但卻顯得相當和協。

充滿創意巧思的戶袋門栓：那這麼大一片玻璃門，在颱風來襲時，難道不怕破掉？細心的房子設計者早就想到嘍！在長廊底端，接近寢間的門口右方，有一個向外凸出的儲藏空間稱作「戶袋」。裡面擺放了一片片木製的「雨戶」，颱風來襲時，只要將雨戶一片片推上玻璃門外軌道，馬上就能保護玻璃門與室內的安全。

青田七六的房間內舖設規格統一的榻榻米

另外，戶袋的門你知道怎麼打開嗎？可別用蠻力拉扯喔，無法參透其中奧秘的人，請詢問導覽人員吧！

青田七六客廳內還保存著馬教授的生活用品。

青田七六客廳內的打字機，似乎還在等著主人回來。

青田七六的房間之一，像不像小叮噹睡覺的壁櫥？

青田七六窗邊的打字機，似乎還在等著主人回來。

　　有朋自遠方來，不亦樂乎：現在已經被經營成為餐廳的青田七六，在原被當作房間使用的——次間，如果你有幸坐在這間房的靠窗位置的話，別忘了在玻璃上尋找一塊寫著「有朋自遠方來，不亦樂乎」的玻璃，那是馬廷英教授兒子的塗鴉，對應到今日不斷來訪參加導覽的人與用餐客人，這個塗鴉寫的相當有遠見。

古蹟修復再利用：其實青田七六一開始和許多古蹟一樣，年久失修、棄之不用，直到媒體與人民開始關注這些被「低估」價值與利用率的「國有財產」，經過許多相關與熱心人士的奔走、保護，才漸漸受到重視，列為古蹟，免於被拆除的命運。

保存這些建築，留下的，不僅僅只是一個時代的建築風格，更大的意義是居住在其間的「人」，因為崇高的人文精神，更值得我們學習與傳承。

而當初居住於此的日本人，回到日本後，據說，還會定期舉辦「昭和町聚會」（當時大安區被稱為昭和町），經過層層關係，還聯絡上興建青田七六的足立仁教授的女兒，還拍了一部「家住青田街」的紀錄片。

足立仁教授的女兒說：「對童年及土地的眷戀，不會有人種的差別。」這句話深深的打動了我，拋開種族與戰爭，對一個孩子來說，他的童年在哪裡渡過，那裡其實就是他認定的家與根，是他生命與成長過程極其重要的一部分，相反的，我們從小在這塊土地土生土長，我們是不是應該為它做更多什麼，保護、愛惜它呢？

　　馬廷英教授是一位國際性、著名的地質學家、海洋地質學家、古生物學家，所以一進入青田七六，在右邊的牆面與地上，擺放許多各種岩石標本，在庭園中，一塊小小不起眼的石頭，對馬廷英教授來說，都有可能是一塊極具研究價值的石頭。

　　當年馬廷英教授在日本求學屆滿，完成博士論文時，曾被日本政府要求必須入日本籍才肯授與博士學位給他的條件，被馬廷英教授所拒絕，而他的恩師矢部長克博士也相當不恥自己國家因政治而介入學術的行為，於是鼓勵馬廷英教授將論文轉而送往德國柏林大學審查，日本政府看到德國頒發給馬廷英教授博士學位後，也立即趕緊授予東北帝大的博士學位予馬廷英教授。

　　後來中日關係惡化，在馬廷英教授即將離開日本，回到中國任職前，他秘密告訴恩師自己即將離開一事，恩師告訴他，如果有研究的需要，儘管將校內的資料與標本帶走，由此可見兩人師生情誼相當深厚，後來在臺灣，馬廷英教授的書房與研究室牆上，一直掛著恩師的照片。

　　在1950～1960年，馬廷英教授持續不斷做各種地質研究，所發表各種研究皆受國家與國際重視，在1960年的諾爾登地質學大會上，宣讀他多年研究「古氣候與大陸漂移」的研究成果，獲得國際驚豔，並獲得廣大迴響，他不止是一位有著高尚情操的大學教授，更是一位重要的國際性科學家。

　　他有多熱愛研究呢？

　　從兩件事可以了解，一是在1955年他獲得教育部首屆學術獎，獎金兩萬多元，這筆錢在當時足足可以買下一棟房子，但他沒有，而是全部投入他的學術研究當中，甚至在1962年，因為負擔不起房屋稅及修繕房子的費用，於是他干脆將建物所有權轉贈給台大，由其負責管理維護。第二是吃飯，馬廷英教授一餐得吃多少顆水餃呢？答案是七十顆！

　　除了他是北方人、身材高大、食量本來就大之外，還有一個重要的原因，因為他很討厭做研究做到一半被打斷，所以一次努力填滿肚子，可以撐比較久的時間不要肚子餓，不過或許也因為這樣，所以晚年馬廷英教授得了胃癌，享年八十歲。

青田七六的小秘密

和許多古蹟、同時期興建的宿舍相比，青田七六很幸運的被保留下來，而且受到重視，除了歸功於一開始興建的足立仁教授，也要感謝居住在青田長達三、四十年期間的馬廷英教授，相當珍惜愛護這棟建築，更要感謝之後為青田七六奔走、維修、重建的工作團隊，現在我們才能一窺那個年代殘存的部分歷史。

擁有青田七六的前後兩任屋主：足立仁教授和馬廷英教授，除了同為知識份子、大學教授、熱愛研究之外，他們又有哪些共通點呢？

兩位教授都將自己的一生奉獻給熱愛的知識研究，又湊巧兩人的生、卒年如此接近，如果土地有靈魂的話，會是青田七六同時牽引著兩位教授嗎？

立仁教授VS馬廷英教授　超級比一比

足立仁教授	兩者比較	馬廷英教授
897年 生於日本北海道	足立仁教授較年長兩歲	1899年生於中國遼寧省
928年 任命為臺北帝大助教	一個謀得教職，一個剛剛畢業，正要嶄露頭角	1929畢業於日本仙台東北帝大
931年青田七六日式 宿舍住宅落成	足立仁教授安家，馬廷英教授立業	1934年以古珊瑚論文，獲得德國與日本雙重博士學位
936年足立仁教授的 岳父在日本東京被刺 重傷，返日探望	兩人同時回到自己的故鄉	1936年秘密離開日本，回到中國擔任中央大學教授
944年回東京出差， 1945年日本戰敗撤退，從此沒回過臺灣	因為戰爭，足立仁教授永遠的離開青田七六，改由馬廷英教授等人接收臺北帝國大學與青田七六宿舍。	1940年與第一任妻子結婚，育有一子一女，後感情不合離異，1945年來台接收臺北帝國大學，11月正式接收青田十六宿舍
946年辭去臺灣總督府官職，於大阪定居	兩人在新環境，開始了新生活	1946年與專家七人，前往澎湖搜集海洋標本
953～1965年輾轉在日本各大學擔任教授，1965年論文獲得北海道大學農學博士學位	兩人在此十年間，於研究方面皆有豐碩成果，馬廷英教授更是梅開二度。	1953-1960年各種學術研究、報導皆有重大成果，引起國際、國家的極度重視，1962年赴日相親，與第二任妻子小野千鶴子結婚，育有一子二女
972年退休	兩人的生命與研究生涯，同時漸漸走向寂靜	1976年擔任文化大學地質系主任，1977年發現胃癌，開刀切除
978年1月25日過世，享年81歲	足立仁教授去世一年半後，馬廷英教授也相繼去世。兩人享年皆為八十初頭	1979年胃癌病重，9月15日病逝於台人醫院，享年80歲

95

青田七六的小祕密
－找找看，自己可以搜集到幾枚幸運草！

☐ I get it!

☘☘ 下石上木的「和洋」混合建築

☐ I get it! ☘ 兩面用節能壁燈設計

☘ 馬教授的岩石標本牆，上面還有365天的生日圖騰喔！
☐ I get it!

□ I get it!

南洋風味百頁窗

□ I get it!
西式菱形凸窗

青田七六的小秘密
一找找看，自己可以搜集到幾枚幸運草！

□ I get it!

加寬的廣緣長廊

□ I get it!
創意巧思的戶袋門栓

颱風來襲時，供「雨戶」行走的軌道！
□ I get it!

馬教授有朋自兒子的預言著」遠方來，途馬「今日的情田七像六！

□ I get it!
門窗上的玻璃有好幾種，發現了嗎？

第五站：永康街美食

　　永康街美食在臺北是出了名的，既然說到了餃子，那我們就來這裡一間當地學生、主婦、老伯伯都愛的一家餃子店：東門餃子館。

　　東門餃子館的消費價位相對來說偏高，不過當地人說到吃餃子，還是會想到東門餃子，除了餃子本身品質用料頗為實在，店內還提供無限量的熱茶，不過對老顧客來說，價位在於其次，能吃到熟悉的家鄉味才是最重要的！

東門餃子店內可以看到孫子來吃的溫馨場面。

東門餃子的餡料相當新鮮

東門餃子是附近居民吃餃子的好去處之一

第六站：殷海光故居

吃飽喝足後，騎上youbike，接下來要前往的地點有一段距離，正好可以讓我們騎著腳踏車敖遊在大安區的綠色巷弄之中。

殷海光故居的指路牌就是當年特務警察站崗監視的地方。

殷海光先生一生為自由思想而奮鬥。

殷海光故居院內一景

每光故居內殷教授親手用水泥做的小女兒的游泳池

殷海光教授是誰呢？

殷海光教授生於湖北省，在民國三十八年受台大聘用為哲學系教授，他一生為思想自由而戰，在那個國共關係緊張、戒嚴的時代，他不畏強權，持續為民主發聲，民國五十五年，殷海光教授被迫從台大離職，政治力量介入學術，影響學術界的獨立與自由，他同時受到警察的監視、威脅、利誘，雖然曾經一度有機會被接引至國外，不過相關文件申請困難重重，民國五十六年診斷出胃癌，五十八年病逝於醫院，享年五十，而直到過世之前，政府一直沒有批准他出國的申請。

不過在殷海光教授的故居，除了展出他的相關生平、信件之外，最讓人為之印象深刻的，是庭園內殷海光教授為了女兒，親自下海當水泥工所堆砌而成的小型游泳池，還有旁邊利用挖游泳池洞的土所堆積的小山丘，上面還有一副水泥桌椅、烤肉架，皆是出自於那一雙原本該拿著筆的雙手。

不過那段時光，可能也是殷海光教授最為低潮的時期，因為那時候的他，不但被台大革除教職，被限制出境，還被診斷出胃癌，沒有工作沒有收入，加上身體上的病痛，這樣的情形之下，他是抱著什麼的心情，為自己的女兒、為這個家建造、佈置呢？

在殷海光教授的故居中，可以請館方人員播放有關殷海光教授的影片，有任何問題也能請教館方人員，他們都很熱心解答。

走出故居，來到巷子前方的十字路口，看著牆上指示故居位置的牌子，館方人員告訴我，當年殷海光教授被國家的便衣警察盯上，那個監視的人就站在巷口轉角這裡。

駐足凝望這個角落，現在當然已經不見便衣警察的身影，但站在這裡回望，位於巷底的殷海光教授故居，彷彿還能感受到一絲緊張的氣氛，不過即使如此，殷教授依然沒有選擇妥協，臺灣的民主道路上有這麼一號人物，我們都該心存謙卑與感念。

第七站：紫藤蘆

　　紫藤蘆故名思義，因其院內有三棵紫藤樹而得名，這裡
在日據時代是日本高官的住所，國民政府來台之後，成為
當時關務署署長的公家宿舍，其後便一直由署長的家屬居
住，且開設了「紫藤蘆」茶館。

　　我們前面提到的殷海光教授，以及當時「自由中國」主
編雷震等等，在政治上提倡自由主義的眾多人物，常常聚
集在此討論、聚會，因此這裡不再只是單純的古蹟或是宿
舍，而成了臺灣民主歷史中，有重要意義的歷史場所。

紫藤蘆因其院內三棵紫藤而命名

紫藤廬美麗的庭院

不過公家宿舍畢竟是國有財產，所以紫藤蘆也曾一度面臨被收回、拆毀的命運，同樣也還是文化界人士站出來抗議，認為具有特殊歷史意義的建物應予以保留，這裡也被指定為古蹟保護地之一，如今的紫藤依然盛開，紫藤蘆客人依然絡繹不絕，高談闊論時事、政治，進步的精神也會一直傳續著。

第八站：蘿蔔絲餅店

離開大安區之前，有家不可錯過的銅板美食，就在巷口轉角，小小的店甚至連招牌都沒有，不過騎樓下從沒停過的排隊人潮，便足以說明店家的好味道。

店中只賣蔥油餅、蛋餅、豆沙餅、蘿蔔絲餅共四種，全部不超過三十元，我點了一個蘿蔔絲餅，老闆現包、現炸，這裡用的蘿蔔絲是真的「白蘿蔔絲」。

拿到現炸好熱騰騰的餅後立馬咬開，被老闆塞的滿滿的蘿蔔絲馬上跑出來，清爽的蘿蔔絲吃的到食物的原味，無需多加調味，只要加點辣椒，便能吃的又省錢又滿足！

蘿蔔絲餅店只賣四樣產品，店小歸小，人氣卻很旺。

bikebike幸福回憶

旅程中，有什麼幸福的回憶呢?
在這裡記錄下來吧!

- 光是在大安森林公園，就有三個youbike的站點，欣賞完
美麗的大安森林公園與捷運站後，可以很輕鬆的騎上單
車，前往附近的景點，其中公園西南角的租借點，是離美
味的蘿蔔絲餅小攤最近的一站！

bikebike資訊站

站名	開放時間	地址
大安森林公園	全天開放	臺北市 新生南路2段1號
臺北清真寺	洽詢電話：02-2392-7364	臺北市 新生南路二段62號
臺北聖家堂	洽詢電話：02-2392-0701	臺北市 新生南路二段50號
青田七六	餐飲營業時間： 午餐11：30～14：00，午茶14：30～ 17：00，晚餐17：30～21：00 個人預約導覽： 請先上網站報名：www.geo76.tw 為保護古蹟地板，入內需脫鞋著襪， 現場備有10元襪可供購買	臺北市青田街7巷6號
殷海光故居	週二至週六（公告假日除外）09：30～ 12：00（12：00～13：30休息） 13：30～17：00，週日、週一固定休 館，除其它活動例外	臺北市溫州街18巷1€ 弄1-1號，團體參觀一 週前，需先致電預約： 02-2364-5310
紫藤蘆	古蹟開放參觀：10：00～17：00 茶館服務時間：10：00～23：00 供餐時間：11：30～14：00， 　　　　　 17：30～20：00	臺北市新生南路三段1€ 巷1號 電話：02-23637375
蘿蔔絲餅店	週一至週六07：00～20：00 每週日公休	臺北市溫州街2號（和 平東路與溫州街路口） 電話：02-2369-5649。

Chapter 04

出發！臺北bike!bike!

景美站

羅斯福路

景美街

景中街

景文街

M 景美站

景美集應廟

景後街

景美上海
生煎包

微笑碳烤

景美國小
百年夫妻樹

35年老店
四神湯

景美街

景文街

Ubike

景興路

仙跡岩登山步道

世新大學

世新大學隧道

木柵路

登山幸福系
bike路線

▶▶▶ 景美站

遊玩路線：捷運景美站>>景美仙跡岩登山步道>>百年夫妻樹>>景美集應廟>>景美夜市>>世新大學散步

起點站：景美站

「景美」不是一開始就叫作景美，而是經過「三階段」的變化，才有了景美一詞。最一開始，這裡叫「梘尾」，今天在萬隆捷運站附近興隆路一段路口的天橋上，還能同時看見「景美梘尾」字牌。

那「梘」是什麼呢？「梘」其實是一種ㄩ型的木管，做為「引水」之用，古時用梘引水，當時的景美正好位於引水渠道的末端，所以此區便被稱做「梘尾」。

不過不要說是以前讀書風氣不甚的時代，就算是今天有十二年國教的我們，面對這個字，大部分的人可能還是不太知道正確的讀音是什麼。其實「梘」唸作「ㄐㄧㄢˇ」，這

樣較少見、少用的字，常常讓許多人不知該怎麼唸才好，所以久而久之，便將「梘」改為讀音相近的「景」，於是第二個階段，這裡被稱作「景尾」。

　　第二次世界大戰，日本人戰敗撤退，改由國民政府來台，城鄉重新整頓、規劃，發現「景尾」一詞容易令人聯想成「景色吊車尾」的感覺，那不就是指這個地方風景很差？這怎麼可以呢？這地方可是山靈水秀呀！

景美的新舊名稱同時出現在橋上

於是當地的大老們大筆一揮，認為應該將「景尾」改為「景美」，有趣的是，「景尾」的台語發音和「景美」是一樣的喔！「尾」和「美」都唸作「馬」（台），如此一來，不但能達到美化名稱的目的，又不用重新適應新地名的唸法，真是令人不得不佩服想到這個名稱的大老！

所以下次來到景美，想一想從「「梘尾」—>「景尾」—>「景美」的三階段演化過程，可以深深的感受到景美人對家鄉土地的重視，是不是覺得這裡的人很幸福呢？

第一站：景美仙跡岩登山步道

仙跡岩的名稱由來，故名思義，真的有一塊石頭，上面有雙腳印，相傳是八仙之一的呂洞賓，某天為了從北邊的蟾蜍山到木柵的指南宮，施展仙力一個不小心，踏錯了腳步，便在景美山上留下了一雙腳印，而仙人的內力果然深厚，飛躍空中的腳步輕輕一點，就能在巨石上留下深印。

雖然這只是有趣的傳說，是後人豐富的想像，不過也正因為這些可愛的故事，讓人行走在山中步道時，多了幾分神奇色彩，更可愛的是，後來還真的在山下建了間廟，供奉的主神當然就是呂洞賓！

第二站：百年夫妻樹

景美國小的百年夫妻樹生病了，身上還看得到醫治的痕跡。

景美國小的百年老樹得支撐「拐仗」。

　　臺北市的老樹不少，不過能成雙成對，還能被稱作夫妻樹的不多，在景美國小裡面就有一對珍貴的百年夫妻樹！一年到學校的穿堂中，牆上的裝飾圖案正是幾位快樂的小朋友，在大樹下閱讀、休息、玩耍，學校的特色不言而喻。

　　而這兩棵百年老樹的品種是「金龜樹」，是目前已經列入「臺北市樹木保護條例」下保護的老樹，而這兩棵樹也因為兩兩相依偎而生，所以被稱為「夫妻樹」，不過具體栽種的時間、何人所栽種已不可考，但從樹高、樹胸圍等等推算，應已有超過百年的時間。

　　就像人老了要照顧一樣，老樹也是，在樹幹身上我們還能看

115

見老樹生病醫治時，所留下的傷口痕跡，還有老樹因為生長的枝椏太過巨大，為了不讓樹幹負荷太重，在較粗大的枝幹下，還得立一些鐵柱做為老樹的拐杖，幫助它支撐。

一棵百年老樹已經非常稀有，更何況是兩棵老樹，一起相偎相伴百餘年，這不僅是極為珍貴難得的緣份，同時也是景美國小所有的學生，共同擁有的幸福回憶。

第三站：景美集應廟

隱身在景美夜市旁一角，穿過狹窄的小巷，眼前出現一個小廣場，以及一間大隱隱於市的紅色古廟，這便是景美的集應廟。

集應廟外觀紅通通，看起來相當喜氣。

　　集應廟供奉的，其實是由「人」變「神」的許遠！誰是許遠呢？

　　許遠是唐代發生安史之亂的時候，與張巡一同守在睢陽，最後以身殉國，到了宋代，便被封為「保儀尊王」，而張巡也被封為「保儀大夫」，「保儀尊王」在民間也俗稱尪公，或是尪元帥，這是集應廟主要供奉的主神。

　　而保儀尊王會在今天景美一帶，有多間集應廟供奉此神，是因為相傳許遠在唐代便曾帶領過高、林、張三氏，從河南往南遷到福建安溪開墾拓荒、建造家園，後來福建到了清朝時，南部延海城市發展、人口達到飽合，泉州人、安溪人等大量移居臺灣開墾拓荒，高、林、張三氏帶著他們的信仰，再次遷移。不同的是，這次必須先渡過一片茫茫大海，看不到前方的陸地，心中難免不安。

集應廟裡的銅鑼與毛筆，是專攻學子們祈求金榜題名的「神物」喔！

集應廟內部不大，但裝嚴華麗。

懷抱著信仰，希望保儀尊王能繼續守護族人，在新的土地平安、順利的安頓下來，因此今天，在臺灣便有了「集應廟」的文化。

如今在景美夜市旁的集應廟，是由「高氏」一族所興建，也可稱為「高氏集應廟」，廟中主持人多由高氏族人輪流擔當，這樣由單一姓氏族人興建、維護寺廟的文化相當特殊，反映出當地的信仰特色。

不過集應廟也曾一度年久失修，在被認定為三級古蹟之後，集高氏後代及眾人之力將它修復，才有了今天的面貌。

第四站：景美夜市

景美上海生煎包：在景美集應廟附近，位於景美夜市巷口，有一家「景美上海生煎包」，一到營業時間，大排長龍，人潮從來不曾停止，還有愈來愈長的趨勢！不要懷疑，看到了馬上上前排隊就對了！

景美夜市美食街，裡面有相當多的美食喔

景美夜市裡有名的上海生煎包，沒吃過的話，等於沒來過景美夜市。

一開始抱著半信半疑的態度跟著排隊，直到吃完馬上就被說服——這的確是值得排隊的銅板美食沒錯！

景美夜市裡的生煎包新鮮、汁多、味美

一個包十元，大小一般，甚至有點偏小，這樣的價格與size老實說只能算普通，不能算特別便宜，不過只要嚐過的人馬上就能明了，它值得排隊的原因！肉包鮮嫩多汁，菜包新鮮爽口，體內的美食魂馬上折服，現包現煎現吃，心急貪吃的人小心燙傷！

微笑碳烤11元：

在景美夜市裡相當醒目的攤位——微笑碳烤，玲琅滿目的食材堆在一起，陣勢驚人，經過路過絕對不會錯過！而微笑碳烤真的有微笑喔！無論是詢問價格，還是服務態度都相當優良，買完碳烤之後，自己的臉上也會掛上微笑！

景美夜市裡的微笑碳烤，碳烤的食材陣仗相當驚人！

119

景美夜市的35年老店蚵仔份量頗多

最美夜市裡的有名老店，油飯、雙管腸、蚵仔都不錯吃！

35年老店四神湯：

在景美夜市市場裡，有一家35年老店，長長的排隊人潮，讓人不自覺的就加入排隊行列。

這家店有名的除了四神湯之外，還有油飯，許多人的孩子滿月油飯都會跑到這裡預訂！另外蚵仔也是攤上的一大特色，一盤乾蚵70元，滿滿的一盤端上桌，兩個人一起吃的話份量也很足夠！

另外比較特殊的是「雙管小腸」，就是「腸子中間還有腸子」，到底是怎麼製作的咧？真是令人好奇！口感不錯，不過價位稍高，一盤雙管小腸八十五元，份量不多，不過衝著獨特性，可以吃看看。

第五站：世新大學散步

吃飽了、喝足了，那麼就到旁邊不遠的世新大學散散步吧！經過了一條長長的隧道，這可是世新大學獨有的特

色,雖然校區不大,但學生們的活力與熱情不減,常常在
夜晚上,還能看到學生們從事運動、社團活動、練習啦啦
隊等!隨便找一處地方坐下聊聊天,或是隨意繞著校園走
走,都相當浪漫喔!

世新大學內的書局相當有氣氛

世新大學夜晚相當涼爽,
穿過隧道之後就可以直通校園內。

旅程中，有什麼幸福的回憶呢？
在這裡記錄下來吧！

蓋一個章可以得
到一枚幸運草
一起來搜集吧！

bikebike小秘技

• 在仙跡岩登山步道上方，有一個專屬仙跡岩的印章喔，你
　找到了嗎？

bikebike資訊站

站名	開放時間	地址
景美仙跡岩 登山步道	白天為佳	臺北市景興路243巷
百年夫妻樹	景美國小校內	臺北市景文街108號
景美集應廟	全年無休，自5：30～21：30	臺北市景美街37號
景美上海 生煎包	07：00～11：30 15：30～23：30，中午休息	臺北市景文街55號
世新大學	戶外開放	臺北市 木柵路一段17巷1號

Chapter 05

出發！臺北bike!bike!

圓山站

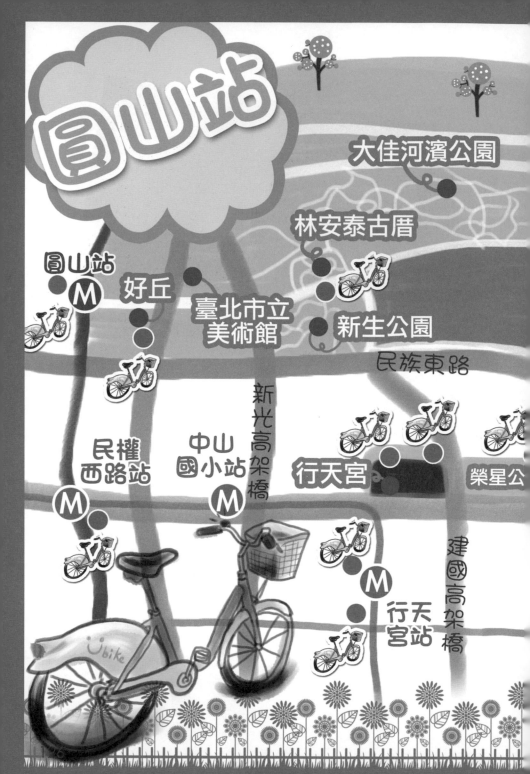

復興北路

窯烤pizza
Pizzeria Oggi

松山機場

松山機場
觀景台

朵兒
咖啡

Ⓜ 松山
機場站

民權東路

Ⓜ 中山
國小站

富錦街

秘密綠色小徑

敦化北路

浪漫幸福系
bike路線

127

▶▶▶ 圓山站

遊玩路線：捷運圓山站>>好丘早餐貝果>>林安泰古厝>>新生公園>>行天宮>>窯烤pizza>>松山機場觀景台>>朵兒咖啡館

起點站：圓山站

造型相當特殊的圓山捷運站，在臺北市除了木柵線的空中車廂外，紅色淡水線從地下到路面上來的第一站，就是圓山站。

從地底竄上來頓然豁然開朗，在2012年世界花卉博覽會期間大改造的綠地與花圃，以及前身是中山足球場的爭豔館，現在已經成為市民悠閒的好去處，以及舉辦大型展覽的最佳場地。

從爭豔館一路往河濱公園走，除了延路欣賞花博後留下的美麗建築，新生公園旁的林安泰古厝更難得一見的美麗古厝，精采的建築園林佈局、精細的木雕，都令人驚豔！

　　順著松江路往前，來到臺北有名的行天宮祈福，往松山機場的方向騎去有家好吃的窯烤pizza店，或是也可以到松山機場的觀景台浪漫一下，看看飛機起飛，再到隱藏在民生社區裡的「朵兒咖啡館」好好品嚐一杯咖啡、一塊蛋糕，想像自己是電影裡古靈精怪的女主角。

第一站：好丘早餐貝果

　　「吃進身體裡的東西，決定你是一個什麼樣的人！」簡單的標語，寫在透明玻璃上，卻像當頭棒喝一樣！

　　位於圓山爭豔館一樓的好丘圓山店，強調食材的天然與健康，在這邊除了可以購買許多優質食品之外，在右邊的「貝果專賣店」傳來陣陣香氣，踏入店內，立即被店內小巧的可愛的方型烤麵包機吸住

好丘圓山店，就在爭豔館的旁邊。

眼球，店內牆上看似隨
意的佈置，卻充滿生活
感。

好丘圓山店強調「食」的健康，這
販售許多和健康有關的食物。

　　白紙列印出短短的
一句短籤話語，貼在牆
上，卻讓人不禁佇足反
思；角落內兩張破破舊
舊的小矮凳，充滿時間
感的美麗，兩個小朋友興高采烈奔跑過來，兩顆小小的屁
股、四條小短腿往上面一坐，高度剛剛好！

第二站：林安泰古厝

　　林安泰古厝的原址並非在現在的位置，也不是叫林安泰
的人建造的，不過是林家人所建的宅邸沒錯。

　　在清朝乾隆19年，祖籍在福建泉州安溪的林家先人來
臺經商，於艋舺開設商行——榮泰行，透過經商累積財富
的林家，在今日的大安區四維路蓋了大古厝，取了安溪人的
「安」與榮泰行的「泰」為宅邸名，便成了今日的「林安泰
古厝」。

不過這麼精緻又極具歷史價值的古厝，並未受到政府重視，因為沒有被列入古蹟，因此在民國67年，只為了道路拓寬，這樣極珍貴的歷史資產，被當作毫無價值的老舊屋子面臨被拆除的命運。還好，在專家與學者們的奔走下，最後形成遷厝計畫，將古厝大宅遷往現在的位置。

古厝原址堪稱為一風水寶地，古厝座向與風水、建築等學問更是息息相關，遷厝之後，風水已不復存，僅用人工方式，堆造小丘陵、草地等，象徵意義大於實際功能。

而如果要細品林家大宅，得分為兩個部分，一個是建築，一個園林。

建築之美

月眉池：位於古厝正前方，一個半圓型的大水池，從空中俯瞰下來，就像一枚新月，其實月眉池除了在美觀及風水（有聚寶、收納錢財的意義）的考量，實用的地方也不少，防火、降溫、供水，都是月眉池的功能！

外埕：建築外的大廣場稱之為「外埕」，是昔日林家孩童們嬉戲、遊玩的最佳去處，仔細看地上的石頭，那是運用當年來臺商船的「壓艙石」所製成。

什麼是壓艙石呢？古時候商船渡海，為了避免空船的船身不穩，所以在艙底置放石頭，穩住船身，到了目的地後，把壓艙石卸下，裝上貨物，運回國內，而這些壓艙石通常就在當地，成了建築上的材料，除了地面之外，像大門的門墩、門臼等，也都是用壓艙石製作的。

　　門上雕飾：古厝的門面——安泰堂，門上的雕飾精彩萬分！安泰堂的門為內凹式三門結構，除了門片上的鏤空雕刻暗鑲了官印、盔甲、令旗、水果、花瓶、爐丹爐等，象徵文武雙全，另外在還有精緻的垂花吊筒、飛鳳、梅枝麻雀，其中梅枝麻雀的雕刻，更是打破木框框架，在木框下面的中段部分完全剔除，破除方框格式，讓鳥兒更顯栩栩如生，堪稱奇特之處。

林安泰古厝是從原址搬遷來此，離開都市，來到這裡，反而擁有了更開闊的景色。

　　斗拱：運用大量福州杉雕刻的斗拱，除了在結構上用卡榫互相結合之外，也有防震的功能，構造精緻的斗拱除了是支持建築屋頂的重要設計外，在美學方面也從不馬虎，在廟宇大部分會刻動物、人物等，再上各色彩漆，讓斗拱除了在功能之，也具有美觀。

　　不過在林安泰古厝內，柱上並未漆上彩漆，而是保留杉木樸實的木頭色，雖然沒有上漆，但美感卻不減半分，在木頭下方的接合處，刻成少見的彩帶造型，中間的木頭還是中斷的，感覺就像用兩片彩帶，輕輕將橫木托起一樣輕巧！

正廳：位於正廳的神龕是古厝雕刻中最為精彩的部分，找一找，上面是不是有老萊子彩衣娛親、孫真人畫龍點晴、許真人醫治虎喉的故事？

不止如此，下面還有福祿壽全，最令人讚嘆的是神龕的格扇門上，有三百朵造型各異的花朵，不禁讓人驚訝且佩服工藝之精細，也讓人更感謝當初為之奔走、保留的學者與專家，有他們的努力，今天我們才能擁有如此珍貴的資產。

對聯：在正廳柱上的對聯，除了喻意頗深，不知大家發現了嗎？在兩邊對聯的頭字，暗鑲了宅名「安泰」兩字！

家具：除了建築之外，在房間內也擺上了木製家具，尤其正廳左右兩邊房的大床甚為精緻，

林安泰古厝祠堂的木雕相當值得細看，每扇門片的雕刻、花樣、圖樣，各有其寓意故事與象徵的意義。

林安泰古厝房間內一角，猜猜這是什麼？沒錯，答案是小姐的小便桶。

林安泰古厝的房間裡，仿照當年，擺上了精細的木床，細看木床的天頂，相當精緻。

134

除了鑲貝、鑲鏡，這些在當年都是很奢侈的材料，另外在睡床的天頂雕刻上，也絲毫不馬虎，還有在小姐房中角落，還能看到當年給小姐在房內「方便」的「小便桶」。

園林之美

　　雲牆：在林宅古厝內佔地頗廣的花園，雖然場地已非原址，不過在園內的石牆、雕刻、漏窗等等，依然可見其精細之處。

林安泰古厝的一磚一瓦都有驚喜

　　在庭園內的石牆造型，有如書卷般的造型，除了有勉勵子孫多多讀書、開卷有益的喻意之外，流線的造型有活潑的流動感；庭園內的門洞設計為「花瓶」形狀，取其「平安」的吉祥喻意。

　　在牆上處處可見的漏窗，有壽桃形、蝴蝶形，相當精緻，除了是牆上的裝飾，也是「小中見大」、「景中有景」的借景手法！

林安泰古厝前的「埕」，昔日是家中的孩子、成人，
遊戲、納涼、聊天交流的重要場所。

　　咾咕石院：所謂的「咾咕石」其實是一種海中的珊瑚
化石，大多產於熱帶海洋礁岸，例如臺灣的南部恒春、外
島澎湖等地，在澎湖地區大多被居民拿來做為建築的材料之
一。

　　咾咕石形狀奇特，且多有孔隙，和江南園林名貴的「太
湖石」相當類似，以「瘦、透、漏、奇」為主要特色，不過
在價格上卻頗有落差，拿咾咕石來營造出太湖石般的園林景
緻，不但是因地用材，也達到物美價廉的實用性能。

136

林安泰古厝的建築，
處處可見精細之處。

林安泰古厝正門 137

林安泰古厝美拍祕境

一找找看，自己可以搜集到幾枚幸運草！

□ I get it!
✽ ✽ ✽ 造型鏤窗

□ I get it!
「瓶」安門

鏤空平安門 □ I get it!

咾咕石
□ I get it!

映月大池 □ I get it!

林安泰古厝美拍祕境

－找找看，自己可以搜集到幾枚幸運草！

□ I get it!
❀ ❀ ❀ 月眉池

□ I get it!
雲牆

鑲字對聯 ☐ I get it!

✿✿ 大門上的梅枝
麻雀
☐ I get it!

☐ I get it! ✿✿ 精彩斗拱

第三站：新生公園

　　在古厝的對面，是以「歐式花園」為設計理念，佔地頗廣的新生公園，在花博期間，這裡做為展區的一部分，興建了新生館、天使生活館、夢想館、未來館等等建築，展覽後，依舊留在園內。

　　廣大的歐式花園除有廣大草坪、花圃，最有趣是這裡還有一處草地迷宮，難度可不低喔，得花點時間才能找到所有藏在迷宮中的動物。在園內騎腳踏車有所限制，只能在規劃出來的腳踏車道上行駛，所以要注意園內的牌子告示！

新生公園大的大樹，枝椏伸展的相當美

142

第四站：行天宮

行天宮是臺北市相當
有名且有著眾多信徒的廟
宇，主神為關公，也稱作
恩主公，用台語來說的
話，這裡常被稱作「恩主
宮」，另外這裡還供奉著
眾多名將，例如岳飛、呂
洞賓、王善等等。

行天宮一直是許多人信仰的廟宇

這裡除了信徒與觀光客之外，許多學子在考試前也會來
到這裡，祈求考試順利。行天宮內有許多穿著藍色袍子的老
太太，手上拿著一柱香，民眾排隊依序給老太太收驚，也可
以看作祈福保平安，不需要費用，也算是行天宮獨有的特色
之一。（行天宮倡導環保觀念，信眾拿香祭拜神明，與擺放
供品的供桌都已經於民國103年8月26日取消了）。

來到這裡除了收驚，還可以擲杯抽
籤，要是看不懂籤文的話，還可以拿到
兩旁室內，有專門幫忙解籤的人員可以
為你講解籤文，完全免費的喔！

行天宮絡繹不絕的香客，
讓這裡總是相當熱鬧。

窯烤pizza的外觀相當樸實，令人意想不到的正宗義大利拿坡里pizza就藏身在小店裡。

窯烤pizza的門口，用鐵籠置放著木材，給人相當有歐洲風情。

第五站：正宗拿坡里窯烤pizza──Pizzeria Oggi

在2010年成立的Pizzeria Oggi，本店位於天母，松山區的分店是後來設立，這一家堅持製作道地的義大利披薩店，除了在技術、設備、材料的使用上，都遵照義大利批薩的規範，同時也結合臺灣生產的有機食材製作，另外，為了貫徹義大利批薩的道地風味，無論是在本店天母店，還是這家新開的分店，店內都有一座特別從義大利拿坡里訂製的白色石頭窯爐呢！

在認真、堅持的層層把關下，做出來的批薩，不但獲得顧客好評，在2011年還得到拿坡里披薩協會的認證，編號全球第360號，證明這裡的批薩是正宗的拿坡里披薩！

店內的裝潢風格簡單、清新，卻擁有濃濃的異國情調，大塊大塊的木材，堆放在鐵網籠中，不會感覺雜亂，反而有一種粗曠的美感，看著店內師傅努力認真的在窯前、一片一片烤著披薩，彷彿真的來到了義大利，某個鄉間、某個家常的批薩店用餐！

第六站：松山機場觀景台

　　你也想像偶像劇中的男女主角一樣，在燈光美氣氛佳的
地點觀看飛機起落嗎？不用摸黑、辛苦的尋找觀「機」景
點，直接進入機場內就可以在美麗的觀景台上當一回男女主
角，最重要的是，還是免費的呢！

松山機場觀景台一樓的入口相當醒目

松山機場觀景台簡直可以媲美
偶像劇的拍攝場景了。

147

松山機場觀景台無論白天夜晚來都很浪漫

在第一航站與第二航站的中間，一進入大門，便能看見用可愛的插畫所裝飾的入口上寫著「觀景台入口」，乘著電梯上三樓，偌大的觀景台，隱隱的飄來咖啡香，相當休閒的觀景台設計，旁邊還有航班資訊查詢機，讓趕飛機、接機的人能夠即時查詢資訊，而且還能拍照、寄到自己的信箱，留下到此一遊的紀念！

不僅如此，還有簡單的介紹飛機餐的起源，以及演變到現在的飛機餐是如何製作的，以及多樣化的貼心服務，無論是因為宗教或是健康的關係，都可以事先和航空公司告知，航空公司便會為客戶安排適合的餐點喔！

松山機場觀景台還提供貼心的愛心傘，以及智慧型資訊機，不但可以提供班機資料，還可以拍照傳到自己信箱喔！

松山機場對面的秘密綠色小徑

第七站：朵兒咖啡館

　　如果有看過電影「第三十六個故事」的人，那麼對劇中桂綸鎂所飾演的姊姊－朵兒，開設的咖啡館——朵兒咖啡館，一定不陌生。

　　片中咖啡店的場景戲份極重，充滿設計感、清新的的美麗咖啡店，在拍攝完畢後，店中的一切也被保留下繼續經營，所以讓許多喜歡本片的粉絲爭相來此朝聖。

朵兒咖啡充滿手做感的門口招牌

隱身在美麗、充滿綠樹的民生社區內，悠靜的巷弄裡路過時，如果不仔細注意的話很容易錯過，特殊的藍綠色大門以及門口特別設計的朵兒咖啡館招牌水泥字，片中美麗的場景設計，全都化為真實生活中，影迷們能親自進入的場景，在這裡點杯咖啡、蛋糕，坐一下午，浪漫的想像一下，自己是尋夢的姊姊，還是古靈精怪的妹妹呢？

朵兒咖啡的藍綠色大門相當美麗

「第36個故事」電影在說什麼呢？

由一對姊妹花——朵兒和薔兒所開設的咖啡館，姊姊認真務實，妹妹古靈精怪，追求夢想除了需要勇氣，更需要堅持。

剛開始，姊姊每天為了店內入不敷出、食材的成本煩惱，後來卻在妹妹的誤打誤撞之下，店內開始了一種奇特的「以物易物」交易風格，也因此，店內來了一個製作肥皂的神秘男子，開始為每塊肥皂，說一個故事……

不過，「故事聽久了，也會想要有故事說給別人聽啊！」，劇中的朵兒，先是放下設計公司的職位，開設了咖啡館，在咖啡館生意漸漸有了起色的時候，心中卻又有另一個聲音在催促她，繼續往前走。

朵兒會怎麼抉擇呢？如果你是朵兒，你又會怎麼選擇呢？

朵兒咖啡館的門口 153

bikebike幸福回憶

旅程中，有什麼幸福的回憶呢？
在這裡記錄下來吧！

bikebike小秘技

• 從松山機場出來之後，往前直走，可以找到一處youbike
  的租借點，不過你可以選擇走在「馬路與馬路中間」的綠
  色隧道，小小的一條道路，兩旁卻全是綠樹，堪稱市中
  心「隱藏版」的綠色祕徑，直直往前走之後，就會遇到
  youbike的租借點嘍！

• 在林安泰古厝門口附近，有個精美的鋼印，你找到了嗎？

bikebike資訊站

站名	開放時間	地址
好丘	圓山店，週二至週日08：00～20：00，每週一公休，僅提供外帶服務，無內用座位區	臺北市玉門街1號 電話：02-2585-6661
林安泰古厝	週二至週日09：00～17：00 週一及國定假日休館	臺北市濱江街5號 電話：02-2599-6026
新生公園	全天開放	臺北市 新生北路3段105號
行天宮	白天至晚上	臺北市 民權東路二段109號 電話：02-2502-7924
pizzeria oggi	週一至週五11：30～14：30，17：30～21：30／週六日、例假日，11：30～21：30	臺北市 民權東路三段124號 電話：02-2718-3200 http://www.pizzeria-oggi.co
松山機場觀景台	09：00～21：00	臺北市 敦化北路340之9號
朵兒咖啡館	週一至週日10：00-21：00	臺北市富錦街393號1樓 電話：02-8787-2425

Chapter 06

出發！臺北bike!bike!

小南門站

小南門站

延平南路

博愛路

國家圖書館
藝術暨視聽
資料中心

愛國西路

小南門站
Ⓜ

小南門

延平南路

布政使司

國立歷史
博物館

植物園

和平西路

重慶南路

公園路

愛國東路

中正
紀念堂站

南海藝廊

楊英風
美術館

(M)

二二八
國家紀念館

牯嶺街小劇場

郵政博物館

林家乾麵

泉州街

黑糖刨冰

牯嶺街

文青幸福系
bike路線

▶▶▶ 小南門站

遊玩路線：捷運小南門站>>國家圖書館藝術暨視聽資料中心>>小南門>>國立臺北教育大學南海藝廊>>楊英風美術館>>郵政博物館>>牯嶺街小劇場>>二二八國家紀念館>>林家乾麵>>建中黑糖刨冰>>植物園>>國立歷史博物館

起點站：捷運小南門站

臺北城南區除了有官方第一家設立的博物館、植物園、古色古香的二二八國家紀念館、國家藝術圖書館，還有走在實驗前衛藝術先鋒的南海藝廊、楊英風美術館、牯嶺街小劇場等等，一個小小的十字街口，就有五處以上值得拜訪的博物館與特色街區，足見此區充滿各式藝術的活力。

同時，高中男生第一志願的建中也在這裡，有學生的地方就有美食，充滿懷舊感的林家乾麵、建中黑糖刨冰、南門市場等等，將城邊南區妝點成一處，有創意、活力、文藝、美食的多元化特色區域！

第一站：國家圖書館藝術暨視聽資料中心

這棟位於小南門附近的國家圖書館不大，收藏的圖書與一般圖書館也不太一樣，是專以藝術、美學、建築等相關的書籍為主的一座圖書館，建築建於民國52年，前身其實是介壽堂，專供展覽與表演功能使用，直到民國97年，才成為與藝術相關的圖書館。喜歡藝術、美學相關的人，倒是可以來這間圖書館走走，相信可以發現不少令人驚喜的書籍！

國家圖書館藝術暨視聽資料中心

第二站：小南門

小南門也稱作重熙門，為當初臺北城南邊偏西的小門，不過這座門不是官方建造，而是由當時板橋的富有人家——林本源家族所興建的。

建造城門與地方勢力的佔據有相當大的關係，因為林家屬於漳州人士，當時發展最興盛的艋舺則是泉州人的勢力範

小南門
162

圍，艋舺和西門是泉州人的天下，但南門又距離較遠，在南門偏西如果能開一個小門，讓位於西南方方的板橋漳州人可以直通臺北城內，可以省下時間、減少衝突。

因非官方捐建，所以小南門是臺北城五個城門中，最小巧也最特別的，今天我們看到的小南門是重新修建過後的，上方的宮殿式建築雖然和原樣相差甚遠，不過卻呈現其精巧華麗的一面。

與其它城門多以堅固實用功能，給人生硬威嚴的感覺相比，小南門反而展現出優雅的宮殿風情，至於下方的石基座及圓型拱門，則仍維持當初的造型。

小南門細緻的宮殿式建築

第三站：國立臺北教育大學南海藝廊

南海藝廊作為現代藝術的前衛展區常客，常常成為當代藝術展的展覽場地，南海藝廊的「門面」看起來比較正式且嚴肅。

不過繞到藝廊後方的巷弄間，還有一個比較可愛的展覽空間，二層樓建的老式建築當中，除了保有相當隱秘的私人小花園，也常常成為小展覽的場地之外，在建物二樓還營造出一處表演與咖啡並存的文藝空間。

第四站：楊英風美術館

楊英風美術館佔地並不大，位於一樓的商品區販售著各式各樣與雕塑和美術品有關的商品，二樓是可以坐下來歇息，好好喝杯咖啡的溫馨場地，真正想認識楊英風先生的生平與作品理念的話，得來到位於地下室的美術館。

地下室的面積不大，但從楊英風先生的生平與作品、介紹、等比例縮小的雕塑作品，還有楊英風先生創作的用具等等，可以了解楊英風先生的創作理念，與創作生涯軌跡。

楊英風美術館雖然小小的，
但卻能一覽大師名作。

第五站：郵政博物館

　　位於天橋旁的郵政博物館，在二樓與三樓的空間展出與
郵政相關的歷史與文物解說，從中國最古老的郵差——驛
站，一直到清朝、臺灣早期的郵政史，以及現代的郵票、郵
筒、郵差制服演進等等，與民眾貼近的生活化展覽，讓人驚
訝連連：原來是這樣子的呀！

其中最令人印象深刻的一張郵票，莫過於「龍馬郵票」！

　　龍馬郵票是劉銘傳在清朝光緒14年時，以民間農曆流行的「龍鳳錢馬貼紙」為圖，在倫敦印製的「洋貨」。

不過不知是不是那龍頭印製的太醜，不像中國的龍，反而像魔鬼的臉。所以這套郵票印製完後，並未被當作郵票發行使用，反而是當時臺北基隆的火車開通，來不及印製車票，而郵票就被拿去當車票使用了！

在現在的松山火車站一樓有一條小小的時光走廊，牆上記載著松山火車站一路的變遷歷史樣貌，可以看到龍馬票被大大的印製在牆上！龍馬票雖然是郵票，但實際上，它是史上第一個用郵票當作車票的特殊票！

第六站：牯嶺街小劇場

電影「牯嶺街少年殺人事件」，讓演員名聲大噪，也讓人不禁詢問：牯嶺街在哪？又是怎樣的一條街？

牯嶺街小劇場如今已經是劇場表演的集散地

其實牯嶺街區前身是一處有著舊書攤市集風情的街區，因為當初居住於此的日本高級官員，在臺灣光復之後，因為放不下身段另謀它職，於是開始變賣家中珍貴的藏品、書籍，久

而久之，這裡便成為當時臺北市相當知名的二手書攤街。不過後來在臺北市政府以「美化市容、整頓交通」的名義，將舊書攤街拆除。

從此舊書攤街的風氣消失，書店也一間接著一間消失，現下還經營的二手書店數量已經不多，一處有著特有文化的街區只能留在回憶裡。

不過還好位於巷口的牯嶺街小劇場被保留了下來，現在成為牯嶺街最具代表性的建築，其實它的前身，是日據時期的憲兵隊分隊所，在國民政府時期，也一直擔任著派出所的角色，1995年派出所——中正二分局遷移到別處，空下的

建築在相關文化界人士的奔走下，予以保留，並將之規劃為
藝文劇場，最後在2001年更名為「牯嶺街小劇場」。

今天在劇場一樓的後面，仍然保留有三間拘留室，可以
一窺當年還是派出所的風貌，而二樓、三樓如今已多為劇團
排練、上課、演出場地。

第七站：二二八國家紀念館

二二八國家紀念館本身就是一棟優美的三級古蹟建築，
這棟建築物的角色與功能不停的在轉變，不過無論它如何更
改，在臺灣的歷史上，它都有著舉足輕重的地位！

在日治時期，臺灣總督府營繕課的井手薰擔任此館的設
計師，從1931年至1945年，這裡做為「臺灣教育會」，成
為一處美術、展覽、演講的重要場地，也是臺灣當時與世界
現代藝術連結的重要據點。

隨著二次世界大戰的落幕，日本戰敗撤退回日本，國民
政府接收與撤退來台，1946年這裡被指定為「臺灣省參議
會」的所在地，當時被任命為臺灣省行政長官的陳儀在此辦
公，二二八事件發生時，在三十名省參議員當中，有人被捕
喪生，有人失蹤、拘禁。

二二八國家紀念館外觀
相當的復古美麗

所以這裡亦成為臺灣民主史上重要的見證地與事件現場之一。

1949年這裡被臺灣省教育會接收後，看似應又回到最初的教育功能，但其實不然，因為和政治有關的參議會、省議會，仍然繼續在此無償使用，直到1959年與政治相關的使用單位遷出之後，由「美國在台新聞處」遷入使用，這裡才又重新回復成為一處和世界接軌的地方。

這裡在戰後除了成為臺灣與美國重要消息來源的溝通管道之外，在中美斷交之後，這裡從「新聞處」改成「文化中心」，利用非官方性質的「協會」持續運作。

1.『二二八國家紀念館』裡，一座木造塔樓，內側塞滿滿的書冊，上面全是因為二二八事件而難、失蹤的人名

2.『二二八國家紀念館』的前身是美國新聞處，一直以來一直兼負著文化與政治的雙重角色。

3.『二二八國家紀念館』的牆上掛滿因此事件而喪生的人的照片，空白處是因為許多人只有名字，沒有照片、至今下落不明、生死未卜。

二二八國家紀念館裡，祈福的紙籤。

這裡除了有豐富與美國相關的各種官方、風土、留學資訊之外，在當時沒有電腦、網路、資訊不發達的六〇年代，這裡更是推動藝文、文化交流的重要推手，也一如在日治時期建造之初的精神，繼續成為文化交流的活水源頭。

一直到1991年，政府的「南海更新計劃」，為了改建大樓，這麼美麗的文化歷史建築面臨被拆毀的命運，還好在文化界的強烈反對之下停拆，於1993年正式被指定為三級古蹟。

現在，這裡成為了二二八國家紀念館，在樓上的展廳當中，有二二八事件相當詳細的解說，不是為了對立，而是為了警惕，身為現代享受民主所帶來的自由環境的我們，都應該到這裡走走，了解事件的始末，正因為有這些無名英雄，在民主道路上，奉獻生命與青春，今天我們才能享受到甜美的果實。

來到這裡，除了歷史沉重的包袱，更讓人深切感受到民主得來不易的珍貴，我們應該珍惜這份珍貴，為臺灣的未來、後代的未來，繼續努力！

第八站：林家乾麵

　　林家乾麵就位於泉州街上，是許多建中學生的回憶，是一家好吃到讓學生翻牆偷跑出校園也要吃的一家乾麵店！

　　乾麵分大小碗，價差不大，但份量完全不同，食量大的人建議可以點大碗，除了乾麵，蛋包魚丸湯也是經典，蛋黃要熟不熟，還會有點流漿的那種熟度，咬一口、吸一點還未完全凝固的蛋黃，好幸福的感覺吶～～如果人太多，肚子又餓的話，先拿幾盤小菜吧！這裡的小菜是「不拿絕對會讓你後悔」的等級。

　　其實這樣一家小店，賣的項目不多，味道也很家常樸實，沒有什麼山珍海味，也不是魚翅鮑魚那種等級的食材，不過或許就是這種親切味道，所以儘管簡單，卻是半夜肚子餓時，最希望來上一碗的家鄉味。

第九站：正宗建中黑糖刨冰

　　吃完了正餐，如果想來個飯後甜點，同一條路上，這家位於建中學校旁邊，受到學生熱烈歡迎的「正宗建中黑糖刨冰店」，絕對是最佳的選擇！

　　這間老店建立於1941年，算一算，從創立到現在，竟然已經七十幾個年頭了！不過這家店老歸老，卻一點也不老

派,反而從佈滿店內牆上的各式塗鴉、留言感受到老店與學生互動的創意,也可以感受到學生對此店的喜愛程度。

黑糖剉冰的店內牆上,滿滿是學生們的留言與塗鴉,足見超高的人氣

這家剉冰一如店名,最受歡迎的就是用香濃黑糖做為基底的黑糖刨冰,一碗50元可選四種料的實惠價格,不止學生喜歡,許多人在畢業後更是常常回來這邊尋找學生時代的記憶。

店內不止有冰品,也有豆花、紅豆湯等熱甜品,冷冷的冬天,來碗暖呼呼的紅豆湯,又溫暖又幸福!所以不管春夏秋冬,都可以來這嚐嚐用料實在的甜品,不過來到這裡要有點耐心,老店的好味道,不管何時來此,總是大排長龍。

第十站:植物園

在建中對面的植物園佔地廣大,且相當優美,許多人對植物園的刻板印象可能覺得過於呆板無聊,不過真的進到植物園之後,卻被美麗優雅的環境所深深吸引。

植物園裡美麗的生態池

植物園內有多種各式步道、
施，逛起來一點也不無聊。

來到這裡不用擔心自己對植物的認識不多，而感到無聊，因為園內有電子的互動解說、園區介紹，或者園內也有簡單的告示牌，告知現下季節園內可賞的花朵與植物。

就算對這些都沒興趣也沒關係，坐在大水池邊欣賞一下風景，園區內還設立了有趣的與十二生肖有關的植物區，無論走到哪裡，總有小驚喜！

第十一站：國立歷史博物館

在植物園的旁邊，遊客的視線很難不被一棟有著皇家宮廷、深紅牆身、崁以綠瓦的高大建築所吸引，那便是國立歷史博物館。

國立歷史博物館古色古香的外觀　177

植物園的生態池可以看到歷史博物館的
紅牆，紅綠相映，相當美麗。

在國民政府來台之後，1955年所設立，也是第一座的公共博物館。

這裡除了不定期舉辦各式國際性的特展，這裡同時也擁有豐富的華夏館藏，特別是唐三彩與青銅器的收藏，而館方在開館日的時間中，每日上午和下午各有一場，針對館藏所做的免費講解導覽。

就算你到達的時間沒碰到導覽時間也沒關係，到一樓大廳服務台可以租借到語音導覽器，有中、英、日三種語言，完全不用擔心看不懂展品。

布政使司的前身就是電視劇裡常看到的「衙門」

政使司樸素卻不失威嚴的外觀

179

歷史古蹟──布政使司

在植物園內除了有多樣性的植物之外，還有一棟非常珍貴的古蹟建築──布政使司。

什麼是布政使司呢？

其實就是我們俗稱的「衙門」，這座衙門其實是在清代的光緒十三年被設立的，隔年在當時的臺北城西邊的城門──寶成門旁，所設立的「布政使司衙門」，經歷了日據時代，在民國十七年，日本人選擇衙門所在的位置，興建新的臺北公會堂，以紀念日本天皇裕仁上位，於是將原本的衙門部分建築，遷移至今日的植物園內，目前可以說是臺灣僅存的一棟衙門！

整座建築不高，材料的使用上也相對簡陋，是因為當時適逢中法戰爭剛過後不久，中國元氣大傷，經費有限，不過站在衙門前，還是能感受到一股衙門的正氣，建物不高的情形之下，反倒使人覺得正面格局寬闊、四平八穩，頗有官方的氣勢。

建築面寬「七開間」，深度呈「三進」式，分別為頭門、儀門、大堂，一層一層漸進式的建築，令人有「入門深似海」的感覺，雖然建築用材一般，不過從屋頂的曲線還是能夠看到微微翹起的燕尾，優美典雅、不失莊重，呈現官方建築簡單的一面。

bikebike小秘技

• 在二二八國家紀念館的一樓右邊服務台，持證件可免費兌
　換語音講解器喔！

國立歷史博物館不定時的舉辦各種大型國際展覽

旅程中，有什麼幸福的回憶呢?
在這裡記錄下來吧!

蓋一個章可以得
到一枚幸運草
一起來搜集吧！

唧~

bikebike資訊站

站名	開放時間	地址
國家圖書館藝術暨視聽資料中心	週二至週日10：00～18：00 週一及國定假日休館	臺北市延平南路156號 電話：02-2361-2551
小南門	戶外全天	延平南路、愛國西路交叉路口
南海藝廊	週三至週日14：30～21：30 週一、週二休館	臺北市 重慶南路二段19巷3號 電話：02-2392-5080
楊英風美術館	週一至週六11：00～17：00 週日公休	臺北市重慶南路二段31號 電話：02-2396-1966
郵政博物館	週二至週日09：00～17：00 週一及國定假日休館	臺北市重慶南路二段45號 電話：02-2394-5185
牯嶺街小劇場	週二至週日10：00～22：00 週一休館	臺北市牯嶺街5巷2號 電話：02-2391-9393
二二八國家紀念館	週二至週日10：00～17：00 週一休館，如逢國家假日開館，次日休館，農曆除夕到初三休館，館方公告之休館日	臺北市南海路54號 電話：02-2332-6228
林家乾麵	06：00～13：30	臺北市泉州街11號 電話：02-2339-7387
建中黑糖剉冰	09：00～20：00	臺北市泉州街35號 電話：02-2305-4750
植物園	05：30～22：00	臺北市南海路53號 電話：(02)2303-9978
布政使司文物館	週二至週日09：00～16：30 週一與春節期間休館	植物園內
國立歷史博物館	週二至週日10：00～18：00 週一休館，全票：30元， 半票：15元 免費：65歲以上、身心障礙、退休軍公教人員、低收入戶、學齡前或120公分以下孩童等，憑證入場免費。 館方免費導覽：上午10：30與下午15：00各一場，視館方特展人力配置調整。	臺北市南海路49號 電話：02-2361-0270

Chapter 07

出發！臺北bike!bike!

台電大樓站

台電大樓站

台電大樓站 Ⓜ

客家文化主題公園

古亭河濱公園

汀州路

辛亥路

新生南路

臺灣大學

愛樂廚房

發現義大利麵

陳三鼎黑糖青蛙鮮奶

公館站

宜蘭蔥餅

思源街

自來水
園區

公館
二手市集

知性幸福系
bike路線

▶▶▶ 台電大樓站

遊玩路線：捷運台電大樓站>>客家文化主題園區>>
自來水園區>>公館二手市集>>公館夜市>>台大校園

起點站：捷運台電大樓

　　從台電大樓站一直延伸至公館站，這中間有客家人開墾的文化，因此建造了臺北第一座以客家為主題的文化園區；在日據時代，這裡也是臺北市的「水源地」，開啟了乾淨水源的第一篇歷史篇幅。

　　所以現在這裡有自來水博物館；這裡同時也是最高學府——臺灣大學的所在地，與附近的師範大學連成一個擁有濃厚文藝氣息的城南郊區。

　　也因為其濃厚的學術氛圍，世界各國的交換學生紛紛來此，又為此區更添一絲異國風味，充滿特色的餐廳、小店，多到不計其數，有個性的獨立書店常常隱藏在小巷

弄、地下室，不怕有心人士挖不到寶。有學生的地方，對新文化的包容度就愈強，專供地下樂團表演空間pyoub、學生獨立設計衣飾的小店、大陸新娘開設的小吃店，在這裡如此衝突又和協的共生共存。

每次來到這裡，會因為那幾家吃慣了的小吃店還在而鬆一口氣，卻也總能因為發現哪裡又新開了幾家創意小店，而感到驚奇！在這裡好像有個魔法陣，永遠不會變老，永遠充滿學生的青春與活力。

第一站：客家文化中心主題園區

臺北市第一座大型、結合戶外休閒區域的客家主題文化園區，除了在戶外有廣大的綠地、花園、生態溝渠、茶山水田推廣客家環保概念與教育，甚至還有跨堤平台，可供行人及自行車行走，白天晚上來此，可在橋上一覽新店溪與周圍古亭河濱公園美景。

不過要特別注意的是，在垮堤平台上廣場是不能騎自行車的喔，也就是說，騎上平台後，需要下車用牽腳踏車的方式行走！

　　另外，在園區內還有美食坊、客家音樂戲劇中心、客家文化中心，是了解與接觸客家文化最完善的園區，特別值得一遊的是客家文化中心，從一樓到三樓皆可免費自由參觀，有趣的互動式多媒體，不止小孩，就連大人都可以在裡面玩的不亦樂乎！

客家文化中心必遊景點

　　客家結婚禮俗影片區：在一樓的影片區播放講解客家文化習俗婚禮的經過，從男女說媒、看妹子、寫合婚庚帖、編紅單、換信物、訂親、看家方、送菜和嫁妝，迎親當

天，新娘子是在半夜出發，等快走到男方家中時，天漸漸亮了，象徵著走向光明，而迎親當天前方要有兩隻帶路雞，新娘進家門時還要過火，從頭到尾種種婚禮等等細節，都可以藉由短片的拍攝，讓人輕鬆又愉快的了解婚禮古法禮俗。

客家建築互動區：如果想了解客家建築的相關內容，在樓上，除了有建築模型和解說牌之外，只要點選電子螢幕上的選項，正前方的投影布幕就會和樓下的影片區一樣，播放解說的短片。

這樣的設計讓老人和小孩都可以既輕鬆又愉快的快速了解客家建築，只不過如果想將全部分選項看完的話，可能需要站一段時間，如果在這邊能體貼的擺放幾張椅子的話，就更完美了。

客家習俗多媒體互動區

來到這區的人請注意了，因為充滿各種互動式遊戲的設施，不止小孩，可能連大人都會玩瘋了！從節慶、生活、陶廠、菸樓等等各種客家人民的活動，除了有各式各樣的展品做為解說，更設置了螢幕觸控式遊戲機，透過遊戲，引發學習的興趣，更加深內容的記憶印象，在這一區遊走，很容易玩著玩著，時間就溜走了。

客家生活體驗區

多媒體互動式的館藏，你以為就只是看看影片、玩玩遊戲而已嗎？不，更厲害的是下面三項設施，千萬不要錯過喔！

求籤拜拜：古色古香的神壇裝置，就像真的到了廟宇求籤拜拜一樣，象徵性的在神桌前擲杯，然後依照指示抽出電子籤，將電子籤上的條碼對著桌上的掃描器一掃，螢幕上便會出現對應的宮廟、神明介紹，然後最後出現籤詩和解籤說明文，是不是很先進、很有趣呢？不過靈不靈驗，就依個人見仁見智啦！

古裝藍衫變身：就算你不是客家人，也可以來一回客家古裝大變身！在體驗區提供了客家傳統藍衫，遊客可以換上，進到合成照相室照相，照片可以寄你的電子信箱喔！為當日的出遊留下有效率的留影紀念。

古早廚房的秘密：客家人的儉樸與客家小炒是出了名的，這和他們的「廚房」可是息息相關喔。

早期客家人多居住在山區，且多從事農耕活動，食材得之不易，為了長期保存，食物多以醃漬日曬為主，一方面可

保食物不易腐壞，二來也能提供勞動所需的鹽份和熱量，也形成了油、鹹、香的特色，雖然在今日的飲食觀念中，醃漬物必須少吃，不過在客家廚房中，還是可以常常看到醃漬食品罐，沒看過的人沒關係，在文化中心裡，現場就能看到。

炒菜一定要放的豬油，存放豬油的陶罐和一般的陶罐長的又不太一樣喔，簡單的小設計，就可以讓油罐免於小蟲和螞蟻的侵入，你發現是哪裡不同了嗎？那就等你親自來客家文化中心找解答嘍！

1. 客家文化中心中各式各樣客家文化的相關物品。
2. 客家文化中心不止有玩、有看，還能買回家吃、用。
3. 客家文化中心裡不但有許多有趣的互動解說，還有模擬真實的場景。

客家文化中心必遊景點

－找找看，自己可以搜集到幾枚幸運草！

□ I get it!

戶外農耕體驗區

□ I get it! 客家結婚禮俗影片

客家習俗多媒體互動區

□ I get it!

□ I get it!

客家建築互動區

□ I get it!

客家歷史互動區

客家文化中心必遊景點

一找找看，自己可以搜集到幾枚幸運草！

☐ I get it!

求籤拜拜

看出豬油罐的巧思了嗎？

☘ 古早廚房的秘密
☐ I get it!

☐ I get it!

□ I get it!

客家生活體驗區

□ I get it!

古裝藍衫變身

197

客家現代禮物服飾區

從客家花布開始，客家文化除了在舊有的傳統上傳承，也努力的開放新的可能，位於文化中心樓上新興的客家文化婚禮禮品區，就有許多成功的例子。

從廣告行銷短片，到禮品包裝、禮物等等，無一不包，另外，還能看到客家禮服競賽的得獎作品，運用客家文化的布料、圖騰、剪裁等，老物新用，符合現代潮流與需求，老東西只要加入新創意，不僅不會被時代淘汰，還可能引領潮流呢！

第二站：自來水園區

人可以一個禮拜不吃飯，卻不能超過一天沒喝水，人身體一旦沒有水來調節器官運作，很快的便會走向死亡。

水對健康的影響甚大，因此在清朝劉銘傳來臺建設時，便相當重視飲水的健康，命人開挖深井，以供市民取用，這是臺北最早的水源發展史。後來的日據時期，日本人又在劉銘傳的建設基礎上，展開一系列和水有關的建設規劃。

1896年，日本人請了英國威廉巴爾頓來臺，與當時任職於臺灣總督府技師——濱野彌四郎一起進行自來水的調查工作，這次規劃的範圍，不止臺北，而是針對整個臺灣。

　　經過十一年探查，最後終於決定在今日公館地區的觀音山下新店溪畔，建造取水口，引流至淨水廠，經過沉殿、過濾、處理後的清水，再用抽水機抽到觀音山上的配水池，藉由山勢與平地的高度落差，讓水自然流往各用水戶處所。

自來水園區結合「水」的公共藝術裝置

　　計畫確定後，隔年取水口、唧筒室等設備陸續完成，再隔年輸水管、淨水場、配水池等也接連完工，所有設施全面到位，從此，臺北的供水系統走向現代化！

　　這套由英國人規劃、日本人建設的供水系統，一直使用到民國六十六年，在新設備擴建完成之後，功成身退，如今經過斥資整修過後，變成了自來水博物館裡重要的歷史見證，而博物館外浪漫的巴洛克式宮殿建築，也成了許多偶像劇、攝影迷、婚紗的拍照美景之一。

自來水園區附近的空間常常舉辦各種創意市集

不過雖然唧筒室被保留下來，但舊有的取水口，因為河道經過多項工程的整治後，已不復見，為因應人口快速成長、水源需求增加新建的取水口，在原取水口下游約二十八公尺處，建立了新的抽水站，以利抽取更大量的水源。

　　自來水源區內除了有博物館，在夏天也有親水遊戲區，開放給民眾遊玩，另外近年周圍空地更時常舉辦各種創意市集、小農市集等，為老建築注入新的人氣與活力！

第三站：公館二手市集

　　在自來水園區的量水室旁，固定在每個周末舉辦「公館二手市集」，時間約為下午三點左右開始，直到晚上約九點左右。

　　場地不大、攤位不多，但許多人喜歡來這裡挖寶，買不買東西倒在其次，人與人之間的互動，還有惜物愛物的環保觀念，才是二手市集最珍貴的地方。

公館二手市集

公館二手市集，攤位不多，可以享受與攤販互動的樂趣。

第四站：公館夜市

只要有學生，就有美食！位於臺灣大學第一首府對面的公館夜市，充斥各種美食小吃與物美價廉餐廳！

必喝：陳三鼎黑糖青蛙鮮奶！

如果你沒喝過這家青蛙撞奶，就不算來過公館夜市！無論何時來到這裡，總是大排長龍的超高人氣飲品，用黑糖熬煮過的珍珠Q彈，散發出濃濃香氣，奶用的是鮮奶，而不是奶精。

其實原本店名是「青蛙撞奶」，不過「撞奶」一詞在市面坊間被大量使用，老闆為了商標和區隔之便，最後更名為「黑糖青蛙鮮奶」，請大家要認清，只此一家，別無分號喔！

必點：公館廖家食記──宜蘭蔥餅
在水源市場大樓旁邊，有家小攤販，也是到公館必排美食之一！現煎現吃的宜蘭蔥餅，餅皮內包了滿滿的宜蘭三星蔥，強調新鮮、無添加防腐劑，因此成為許多人到公館夜市指定必吃美食！

公館夜市的宜蘭蔥餅

必吃：平價量多──發現義大利麵！
位於公館夜市旁的這家並不是本店，而是分店，雖然味道頗有爭議，有些人覺得本店比較好吃，但嚴格說起來，分店口味也

公館夜市的發現義大利麵，價廉量多。

不差，而且一百元左右的消費價格，除了份量超多的義大利麵，還有大蒜麵包，以及無限量供應的玉米濃湯和飲料，算的上是物美價廉的餐廳。

必飽：銅板烤肉吃到飽——愛樂廚房

如果街頭小吃和份量超多的義大利麵都不能滿足你，那麼就來這家銅板烤肉吃到飽吧！

公館夜市的發現義大利麵，除了麵之外，還有喝到飽的濃湯喔！

公館夜市的愛樂廚房，就位於發現義大利麵的樓上。

位於發現義大利麵樓上二樓的愛樂廚房，一入座就先被桌上十幾盤的鮮豔小菜吸引住視線，另外還有石鍋拌飯、蝦餅、湯、飲料，肉類可依個人需求而點。

重要的是：全都是無限量供應！飯後還有簡單的點心水果呢，不過雖然是吃到飽，還是要愛惜食材，吃多少、點多少，而且更超值的是，平日消費的話，還可以四人同行一人免費。

第五站：台大校園

吃飽喝足，還不想那麼快回家，那不如就到台大校園裡散散步、幫助消化，第一首府不僅人才一流，校園內的景緻與氣氛也是一流，在暈黃的燈光之下，古色古香的建築，與新裝潢的商店同處一個空間，卻不顯突兀。

角落裡的「洗衣部」，廊道有著似日本車站的木構建築，彷彿可以穿越時光，回到那充滿懷舊氛圍的五〇、六〇年代，在這樣的環境裡，無論唸書還是談戀愛，應該都會成為一輩子難忘的回憶吧！

台大校園內也有許多有氣氛的景點，在
夜市吃飽喝足後，來這裡散散步是相當
不錯的選擇。

旅程中，有什麼幸福的回憶呢？
在這裡記錄下來吧！

蓋一個章可以得
到一枚幸運草
一起來搜集吧！

唧~

bikebike小秘技

- 在客家文化中心的網站上，可以報名加入「城市農夫——認養計劃」，近來食安危機頻頻上報，想要吃的安心，莫過於自己親自栽種，但想在都市裡種菜，上哪去找農地呢？

- 在客運文化中心的「義田」區，就可以輕鬆達成夢想喔！想種菜的人，趕緊組隊上網報名去，你也可以在都市當個「幸福農夫」！

bikebike資訊站

站名	開放時間	地址
客家文化主題園區	週二至週日，09：00～18：00 週一公休，其他休館日請參照館方公告	臺北市汀州路三段2號 電話：02-2369-1198
自來水博物館	7～8月09：00～20：00 9～6月09：00～18：00 7～8月票價：80元	臺北市思源街一號 02-8369-5104
公館二手市集	週六時間，14：00～22：00 週日時間，14：00～21：00	臺北自來水園區 量水室古蹟廣場
公館夜市	傍晚至晚上	台灣大學對面， 汀州路一帶。
台大校園	全天	臺北市 羅斯福路四段一號

Chapter 08

如何使用Youbike &
Youbike幸福達人榜

U-bike幸福 達人榜

一數一數，搜集到幾枚幸運草了呢?

我在松山文創園區搜集到＿＿＿＿＿枚幸運草!
我在青田七六秘密搜集到＿＿＿＿＿枚幸運草!
我在林安泰古厝裡搜集到＿＿＿＿＿枚幸運草!
我在客家文化中心搜集到＿＿＿＿＿枚幸運草!
我在幸福回憶蓋章搜集到＿＿＿＿＿枚幸運草!

哇~我總共搜集到＿＿＿＿＿枚幸運草!

60枚以下

人家還想多出去走一走!
要再接再勵喔!

60~80枚！！

已經很幸福囉！
不過，讓我們
一起變得更幸
福吧！

80枚以上！！！

哇~~你真是太厲害了！
簡直是達人中的達人了！

讓我們一起尋找更
多有趣的景點，讓
生活變得更幸福吧！

如何使用 Youbike

• 開通悠遊卡

在台北市微笑單車的網頁（www.youbike.com.tw）建立帳戶後，輸入悠遊卡背面右下角的卡號數字，就開卡成功嘍！

• 沒有事先在網路開好卡的人，也可以在現場利用開卡機開卡！

• 下載app or 確認站點。

在微笑單車的網頁上的「下載專區」，有專屬的app可供下載使用，這樣一來，就能隨時隨地掌握各租借點的「可借車輛」或「可還車輛」。

開卡機

Youbike 借前檢查

- 尚未借車前，先檢查車輛的煞車、車鎖、響玲、輪胎是否都為正常，以避免借車後，因為車體故障需重新借還的麻煩。

- 先調整椅座高度，以一般平均160cm高的人而言，座椅高度可降到最低。

座椅高度只需要掰開鐵閘就可調整上下

- 如果借完車才發現車子有任何問題的話，五分鐘之內可於原站點還車後，再馬上借車，否則一般還車後，在原站點需15分鐘後才能再次借車。

- 無論騎乘前後，發現車輛有任何問題，可將座墊反轉，這樣巡視車輛工作人員便能處理車輛的問題。

Youbike 租借步驟

- 可借車輛的柱頭顯示燈為「綠色」。

- 拿出悠遊卡輕觸欲借車輛的面板，請注意，停車柱分左右兩邊，要盡量靠往想借車輛的那一邊面板。
- 聽到「嗶」一聲，車輛解鎖，盡快將車輛往後拉出。
- 拉出後，空著的柱頭燈會顯示為「藍色」。

Youbike 還車步驟

- 尋找柱頭顯示為「藍色」燈的空位。
- 單車的輪胎壓過地上的白線，代表已對準車子鎖頭，往前推進到底，將車鎖插進柱頭。
- 柱頭開始響起一連串短促「嗶」聲，在嗶聲內將卡片對準輕觸還車邊的面板。
- 感應成功面板第一格會顯示此次騎乘付款費用，第二格是卡片內剩餘的金額。
- 柱頭燈會跳回綠色，等待下一位使用者騎乘。

有車和沒車的燈位置不同，顏色也不同

Youbike 費率計算

- 目前騎乘時前30分鐘內免費,之後以官方網頁公告為標準。
- 未滿30分鐘以30分鐘計算。
- 還車後15分鐘內無法於該站點借車。

騎乘30分鐘	免費
騎乘4小時	每30分鐘10元
騎乘4小時-8小時	每30分鐘20元
超過8小時之後	每30分鐘40元

Youbike 如何使用車鎖

1. 將鎖鍊繞過輪胎後,將金屬插捎插入右方鎖頭洞。

2. 插入後，左邊的鎖柱會凸出，代表已插到底。

3. 轉動鎖頭上的鑰匙後抽出，即代表成功鎖住。

4. 開鎖時將步驟反向操作。

單車鎖頭的鑰匙不見該怎麼辦？

（轉載自YouBikeE官方網站www.youbike.com.tw）

一、請您立即電洽1999市民熱線轉YouBike公共自行車或
　　撥打02-8978-5511（付費），請服務人員協助處理，
　　並依「臺北市公共自行車租賃系統YouBike服務條款」
　　4.使用服務及騎乘注意事項之規定管理之。

二、如使用者於使用途中，自行車鑰匙遺失，使用者有義務
　　將車子運送到YouBike服務中心（開放時間依網頁公告
　　為主），並賠償鑰匙工本費新臺幣200元整；如消費者
　　無法運送，需由營運單位前往協助時，則需另加計處理
　　費，如區域位於「台北市內」訂為每次加計新臺幣150
　　元整，處理區域位於「新北市內」訂為每次加計新臺幣
　　350元整，如位於「其他區域」，租借者應自行處理車
　　輛載運至台北市內，以利營運單位協助處理。

三、租用者應配合填寫收款證明書，以利營運單位後續寄送
　　發票使用。

四、如鑰匙遺失時，該次租借時間之中止以該車輛送至服務
　　中心之時間計算。

單車不見時該怎麼辦?

（轉載自YouBikeE官方網站www.youbike.com.tw）

一、請您立即電洽1999市民熱線轉YouBike公共自行車或撥打02-8978-5511（付費），請服務人員協助處理, 本作業依據「臺北市公共自行車租賃系統YouBike服務條款 4.使用服務及騎乘注意事項之規定管理之。

二、 公共自行車借出後，使用者應負保管之責。若使用者未妥善保管而致車輛遺失，應由使用者主動向警察單位報案；未報案時，營運單位將依照法律程序處理。

三、 使用者報案後，如於一個月後仍無法尋獲車輛，應依照服務條款第四條賠償損失費用新臺幣9,000元整，尋獲之自行車所有權仍屬本公司。

四、 如車輛遺失，該次租借時間之中止時間以報案三聯單之時間計算

Youbike 還車出現的錯誤號碼應對寶典

號碼	號碼訊息	如何處理
0	卡片感應失敗	重新感應，若仍失敗請換卡片。
1	卡片還沒註冊	這張卡片尚未註冊，可上網或到旁邊的自動服務機加入會員或註冊卡片(請注意，需傳手機簡訊輸入密碼)
2	此卡租車中	這張卡片已在租車中，若確定無在租車中，請等候2分鐘後再到其它停車柱刷卡租車。
3	補扣款項	前次還車付款失敗，因此此次借車前先補扣前次租車款項，補扣完畢後，再於停車柱感應刷卡租車。
4	卡片餘額不足	卡片餘額小於或等於零，無法租車，請先儲值。
5	錯卡還車	請用租車時的卡片還車。
6	扣款餘額不足	卡片內的金額不足以付清此次騎乘費用，於下次租車時將補扣款項。
7	卡片異常	請更換註冊成功卡片，若仍無法使用請洽原發卡單位。
8	其它	請至其它停車柱借車，若仍無法借車，請播打1999市民熱線，或02-8978-5511或02-8978-5084。
9	設備異常	
A	通訊異常	

旅遊雲 07

出 版 者／雲國際出版社
作　　者／典馥眉,金城妹子
總 編 輯／張朝雄
封面設計／丁艾葳
排版美編／YangChwen
內文插畫／金城妹子
出版年度／2015年1月

Youbike
慢慢玩
(情侶篇)

郵撥帳號／50017206 采舍國際有限公司
　（郵撥購買，請另付一成郵資）
台灣出版中心
地址／新北市中和區中山路2段366巷10號10樓
北京出版中心
地址／北京市大興區棗園北首邑上城40號樓2單
　　　元709室
電話／（02）2248-7896
傳真／（02）2248-7758

全球華文市場總代理／采舍國際
地址／新北市中和區中山路2段366巷10號3樓
電話／（02）8245-8786
傳真／（02）8245-8718

全系列書系特約展示／新絲路網路書店
地址／新北市中和區中山路2段366巷10號10樓
電話／（02）8245-9896
網址／www.silkbook.com

Youbike慢慢玩(情侶篇)/典馥眉著.
-- 初版. -- 新北市：雲國際, 2015.01
　　面；　公分

ISBN 978-986-271-552-9 (平裝)

1.腳踏車旅行 2.臺北市

733.9/101.6　　　　103019264